भारत के सबसे बड़े मसीहा

बाबा साहब डॉ. भीम राव अंबेडकर

संदीप कुमार एस

TRUE SIGN
PUBLISHING HOUSE

प्रकाशक : ट्रू साइन पब्लिशिंग हाउस
पता: जी-3, एचडीबी आर्केड, दूरसंचार नगर,
गुलमोहर भोपाल, मध्य प्रदेश-462039 भारत
ईमेल : truesignbooks@gmail.com
वेबसाइट : www.truesign.in

भारत के सबसे बड़े मसीहा बाबा साहब
डॉ. भीम राव अंबेडकर

लेखक: संदीप कुमार एस

संस्करण: 2025

Bharat Ratna Baba Saheb Dr. Bheem Rao Ambedkar

14 April 1891 – 6 December 1956

Father of Indian Constitution

Symbol of Knowledge

B.A., M.A., M.Sc., P.hd., L.L.D., D.Sc., D.Litt....Professor, Jurist, Economist, Politician, Educationalist, Author, Journalist, Sociologist, Anthropologist, Educationist, Theologian, Historian, Editor and the biggest Scholar of the world

My obeisance parents

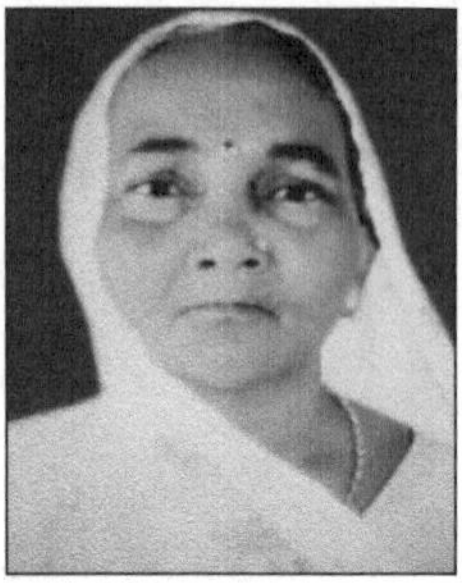

Sri Mati Naurangi & Sri Ram Khelawan

मैंने आज तक अपने जीवन में जो भी सफलता हासिल की है उन सबका पूरा श्रेय मेरे पूज्यनीय माता-पिता और मेरे पूरे परिवार को जाता है।

मैंने आज तक अपने जीवन में जो कुछ भी अपने लिए अपने भविष्य के लिए करना चाहा मेरे माता-पिता और मेरे पूरे परिवार ने हमेशा मेरा साथ दिया।

सफल होने के कुछ महत्वपूर्ण बिन्दु

जीवन में आप जो कुछ भी करना चाहते हो उसके लिए आपके के मन में पूर्ण इच्छा होनी चाहिए।

उस काम को करने के लिए अपने सपने को पूरा करने के लिए आपको अपने आप पर भरोशा होना चाहिए।

अपने काम को पूरा करने के लिए आपके पास धैर्य होना चाहिए।

आपको अपने सपने को पूरा करने के लिए अपने आप में दृढ़ निश्चय करना होगा।

अपने सपने को पूरा करते समय रास्ते में आने वाली मुश्किलों से लड़ने की क्षमता होनी चाहये।

आपको किसी तकलीफ को सहन करने की सहनशक्ति होनी चाहिए।

अगर इतने गुण आपके अंदर मौजूद हैं तो दुनिया की कोई ताकत आपको सफल होने से नही रोक सकती।

About the author-

Sandeep Kumar S -Scientist, Writer, Thinker/Social Thinker/ Worker/Activist/Reformer, Author, Researcher, Educationist, Motivator, Competitor, Guide. He was born on **13**th August in **1991** at Azamgarh Uttar-Pradesh in India. His father is a social thinker, social worker, social activist and political leader and mother is the best caretaker and his elder brother is the state government employee. He completed his class 10th and 12th from Azamgarh after that he went to Prayagraj (Allahabad) for obtain higher education and he completed many exams B.Sc, M.Sc, PGDCA, M.A and now he is researching at English language and grammar. He has written 25 books till now. Author has tried to give better and standard knowledge of language and grammar to the readers. Author aim is spread better and standard knowledge and education of language and Grammar to the country and the world.

Author has selected for these awards till December 2022–

1. TPL Siksha Awards
2. Icons of Asia
3. India Book of Records
4. Ukiyoto Literary Awards
5. Magic Book of Records
6. Fox Story India's 100
7. The Glorious Brand Awards
8. Banga Gaurav Samman
9. Indian CSR Awards
10. Asian Education Awards
11. International Excellence Awards

12. Humanitarian Excellence Awards
13. Idial Indian Awards
14. Top 100 Influential Indians
15. India Education Awards
16. Indian Fabo Awards
17. The Progress Global Awards
18. Golden Book Award
19. India's Top 100 Educator Award
20. Research Excellence Award
21. Young Researcher Award
22. National Achiever's Award

संदीप कुमार एस की अन्य किताबें-

1. New English Spoken Part 1
2. New Perfect Competitive English Grammar
3. New English Spkoen Part 2
4. Word Power
5. New Competitive English Grammar
6. English Composition & Grammar
7. Hindi To English Translation
8. English Composition & it's Components
9. Golden Word Power
10. New English Speaking
11. Fundamental Components of English
12. Parts of Speech
13. Roots of English
14. Fundamental Terms And Components of English
15. New Modern English Grammar
16. What is Tense ?
17. भारत एवं विश्व रत्न बाबा साहब डॉ. भीम राव अंबेडकर का संघर्ष एवं जीवन परिचय
18. कलम का बादशाह
19. भारतीय संविधान के जनक
20. ज्ञान के प्रतीक

भारत का संविधान

प्रस्तावना

हम, भारत के लोग, भारत को एक सम्पूर्ण प्रभुत्व सम्पन्न, समाजवादी, पंथ निरपेक्ष, लोकतंत्रात्मक गणराज्य बनाने के लिए तथा उसके समस्त नागरिकों को:

सामाजिक, आर्थिक और राजनैतिक न्याय, विचार, अभिव्यक्ति, विश्वास, धर्म और उपासना की स्वतंत्रता, प्रतिष्ठा और अवसर की समता प्राप्त कराने के लिए, तथा उन सब में व्यक्ति की गरिमा और राष्ट्र की एकता और अखंडता सुनिश्चित कराने वाली बंधुता बढ़ाने के लिए दृढ़ संकल्पित होकर अपनी इस संविधान सभा में आज तारीख 26 नवंबर 1949 ई . (मिति मार्गशीर्ष शुक्ला सप्तम, संवत् दो हज़ार छह विक्रमी) को एतद्द्वारा इस संविधान को अंगीकृत, अधिनियमित और आत्मार्पित करते हैं।

Happy Constitution Day 26 November

'भारत के सबसे बड़े मसीहा' पुस्तक का नाम रखने का उद्देश्य

अगर हम महापुरुषों की बात करें तो, इस देश में अनेक महापुरुष हुए लेकिन अगर राष्ट्र निर्माण और देश के प्रत्येक नागरिकों के हित में देखें तो बाबा साहब डॉ. भीम राव अंबेडकर जी के अतिरिक्त कोई दूसरा नहीं है जो इस देश और देश के प्रत्येक नागरिकों के लिए इतना बड़ा योगदान दे सके।

इस देश के प्रत्येक नागरिक के अधिकार और उसके जीवन जीने के माध्यम को बनाने वाले सिर्फ और सिर्फ बाबा साहब डॉ. भीम राव अंबेडकर जी हैं।

एक बात और मैं आप लोगों से कहना चाहूँगा कि मैंने अक्सर देखा है कि जब कोई व्यक्ति अगर बाबा साहब डॉ. भीम राव अंबेडकर जी के बारे में कुछ कहता है तो काफी लोग ऐसे हैं जो उस व्यक्ति को अंबेडकरवादी की संज्ञा दे देते हैं।

और फिर उस व्यक्ति को लोग बाबा साहब डॉ. भीम राव अंबेडकर जी का समर्थक समझने/कहने लगते हैं।

जबकि ये बात सही नही है।

बल्कि अम्बेडकरवाद का अर्थ 'सामाजिक, आर्थिक, राजनीतिक, जातिगत और धार्मिक समानता है।'

'भारत के सबसे बड़े मसीहा' पुस्तक का नाम रखने का मुख्य उद्देश्य यह है कि इस देश के तमाम शोषित, वंचित, छूआछूत और जातिगत भेदभाव के शिकार हुए लोगों को समानता का न्याय और अधिकार दिलाने वाले बाबा साहब डॉ. भीम राव अंबेडकर जी हैं।

बाबा साहब डॉ. भीम राव अंबेडकर जी ने इस देश का संविधान बनाकर इस देश के सभी नागरिक के सुख और समृद्धि के लिए सबसे बड़ी संपत्ति दी है।

इस देश का प्रत्येक नागरिक बाबा साहब डॉ. भीम राव अंबेडकर जी के इन महान कार्यों का सदैव ऋणी रहेगा।

हम सभी बाबा साहब डॉ. भीम राव अंबेडकर जी के महान कार्यो का ऋण कभी नही चुका सकते हैं लेकिन बाबा साहब डॉ. भीम राव अंबेडकर जी के द्वारा दिए गए सिद्धांतों के अनुसार अगर कार्य करें तो शायद उनके उद्देश्य को पूरा कर सकते हैं।

-संदीप कुमार एस

कुछ महत्वपूर्ण बिदु

आज के इस आधुनिक जीवन में भी जब व्यक्ति को आज की इस शानदार शिक्षा व्यवस्था होने के बावजूद भी लोगों को पढ़ाई करना, उच्च शिक्षा प्राप्त करना इतना कठिन महसूस होता है जबकि आज के इस दौर में छूआछूत और जातिगत भेदभाव की समस्या न होने के बावजूद भी लोग उच्च शिक्षा हासिल नहीं कर पा रहे हैं।

हाँलाकि मैं एकदम से ये नही कह सकता हूँ कि आज के इस दौर में लोगों को छूआछूत या जातिगत भेदभाव का सामना नही करना पड़ता है ऐसा कहना बिल्कुल गलत होगा क्योंकि आज के इस आधुनिक जीवन में, आधुनिक भारत में भी कुछ विशेष समुदाय के लोगों को छूआछूत और जातिगत भेदभाव का सामना करना पड़ रहा है।

लेकिन पहले की स्थिति से मेरा मतलब जब बाबा साहब डॉ. भीम राव अंबेडकर जी का जन्म हुआ तब के समय और आज के समय की अगर हम तुलना करें तो, शायद जमीन आसमान का अंतर होगा।

ये बात आज के इस आधुनिक भारत के आधुनिक जीवन की नही है बल्कि सन् 1891 की है जिस वक्त बाबा साहब डॉ. भीम राव अंबेडकर जी का जन्म हुआ उस व्यक्त पूरे देश में छूआछूत का जहर फैला हुआ था।

उस वक्त एक ऐसे जाति से संबंध रखने वाले जिसे पूर्ण रूप से जिंदगी जीने का भी अधिकार नहीं था उस वक्त एक जमीनी स्तर से उठकर देश नही बल्कि दुनिया की सर्वोच्च शिक्षा को ग्रहण करना बहुत बड़ी उपलब्धि है।

जिस व्यक्ति ने दुनिया की सर्वोच्च शिक्षा ग्रहण किया सर्वोच्च डिग्रियों को हासिल किया पचास देशों के संविधान का गहन अध्ययन किया और देश का संविधान बनाया।

पूरी दुनिया के सबसे बड़े संघर्षशील और विद्वान बाबा साहब डॉ. भीम राव अंबेडकर जी अपने पूरे जीवन भर संघर्ष करते रहें और देश में शोषित, वंचित और छूआछूत और भेदभाव के हुए शिकार लोगों को न्याय दिलाने के लिए लड़ते रहें।

बाबा साहब डॉ. भीम राव अंबेडकर जी ने अपने पूरे जीवन में जो भी उपलब्धि हासिल की उसके लिए उन्होंने किसी विशेष व्यक्ति से कोई लड़ाई नहीं लड़ी बल्कि अपने खुद के शिक्षा और योग्यता के बल पर उन्होंने इस देश में शोषित, वंचित और छूआछूत और भेदभाव के हुए शिकार लोगों को न्याय दिलाने और उन्हें अधिकार दिलाने के लिए लड़ाई लड़ी।

एक खास बात मैं आप लोगों से कहना चाहूँगा कि बाबा साहब डॉ. भीम राव अंबेडकर जी ने अपने पूरे जीवन को संघर्ष में बिताया।

उन्होंने अपने किसी व्यक्तिगत लाभ के लिए नही बल्कि सिर्फ इस देश के लोगों के न्याय और अधिकार की लड़ाई लड़ते हुए उन्होंने अपने पूरे जीवन को संघर्ष में बिताया लेकिन सबसे बड़ी अफसोस की बात यह कि हम सभी उनके द्वारा दिलाए गए अधिकार का लाभ तो उठा रहे हैं लेकिन उनके व्यक्तिगत, राजनैतिक, और सामाजिक जीवन के बारे में सही से नहीं जानते हैं।

यह हमारे अपने कोई निजी विचार या इच्छा की बात नही है कि हम उनके बारे में नही पढ़ना चाहते हैं या हमें उनके बारे में नहीं पता ऐसा कुछ नही बल्कि यह बड़े दुख की बात है।

क्योंकि अगर ऐसा कह दिया जाए कि हाँ हम नही जानते हैं तो, यह बिल्कुल गलत होगा क्योंकि हम नहीं जानते हैं तो, इसके लिए कौन जिम्मेदार है?

मैं दावे से कह सकता हूँ, इसके लिए सिर्फ हम जिम्मेदार हैं।

अगर हम कई वर्षों पहले के लोगों की सामाजिक, राजनैतिक और शैक्षणिक स्थिति को देखें तो, आज की स्थिति और पहले की स्थिति में काफी अंतर है।

पहले बहुत कम प्रतिशत लोग शिक्षित होते थे लेकिन आज तो साक्षरता दर बढ़ गई है और साक्षरता दर बढ़ने के बावजूद भी अगर हम ऐसे महापुरुष

को न जाने जिसने इस देश के संविधान का निर्माण किया तो भला इसके लिए कौन जिम्मेदार है?

अगर मैं किसी विशेष व्यक्ति या महापुरुष के बारे में जानने या न जानने की बात करूँ तो, इसके लिए शिक्षित होना या न होना अर्थात सिर्फ शिक्षा ही जिम्मेदार नहीं होती है बल्कि यह बात व्यक्ति के मनोवैज्ञानिक विचारधारा और उसकी इच्छा पर भी निर्भर करती है।

ऐसा मैं इसलिए कह रहा हूँ क्योंकि मैंने खुद कई क्षेत्रों में सर्वे किया उस सर्वे के मुताबिक मैंने देखा कि मुझे काफी व्यक्ति ऐसे मिलें जो शिक्षित नही हैं लेकिन फिर भी बाबा साहब डॉ. भीम राव अंबेडकर जी के बारे में जानकारी रखते हैं हालांकि मैं ये नही कह सकता हूँ कि उन व्यक्तियों को पूर्ण जानकारी है या फिर सभी अशिक्षित व्यक्तियों को जानकारी है ऐसा नही है लेकिन उसी अशिक्षित वर्ग से तालुक रखने वाले कुछ विशेष व्यक्ति ऐसे भी हैं या काफी व्यक्ति ऐसे हैं जिनके अंदर बहुत कुछ जानकारी देखने को मिलती हैं।

अब मैं उन व्यक्तियों के बारे में बात कर रहा हूँ जो शिक्षित तो हैं जो शिक्षित वर्ग से तालुक रखते हैं लेकिन उन्हें बाबा साहब डॉ. भीम राव अंबेडकर जी के बारे में या उनकी उपलब्धियों के बारे में जानकारी नही है या पूर्ण जानकारी नही है।

जो व्यक्ति या व्यक्ति समूह शिक्षित है और शिक्षित होने के बावजूद भी बाबा साहब डॉ. भीम राव अंबेडकर जी के बारे में नही जानता है तो, इस तर्क से ये बात स्पष्ट होती है कि व्यक्ति या व्यक्ति समूह की जो मनोवैज्ञानिक विचारधारा और उसकी सोच है इसके लिए पूर्ण रूप से जिम्मेदार है।

पूरी दुनिया में विद्वानों और शिक्षित व्यक्तियों की सूची में सर्वश्रेष्ठ स्थान भारत एवं विश्व रत्न बाबा साहब डॉ. भीम राव अंबेडकर जी का है।

लेकिन सबसे बड़ी दुख: की बात यही है कि हमारा देश उन्हें पूर्ण रूप से नही जानता है।

भारत के सबसे बड़े मसीहा पुस्तक का नाम रखने का सबसे बड़ा उद्येश्य यह है कि एक विशेष व्यक्ति जिसे वर्णो में जातियों में सबसे नीचे रखा गया जिसे पढ़ने लिखने का अधिकार नही था उस व्यक्ति को कुछ विशेष अवसर मिलने पर वह व्यक्ति इतना पढ़ता है कि देश और दुनिया की सर्वोच्च डिग्रियों

को शिक्षा को ग्रहण करता है और फिर उस महापुरुष ने उसी देश का संविधान बना दिया जिस देश में उसे पढ़ने लिखने का अधिकार नहीं था।

बिना कोई हथियार उठाए सिर्फ अपने शिक्षा और योग्यता के बल पर उस महापुरुष ने इस देश के तमाम शोषित, वंचित और छूआछूत और भेदभाव के हुए शिकार लोगों को न्याय और अधिकार दिलाने के लिए इतनी बड़ी लड़ाई लड़ी।

यह देश और देश के सभी नागरिक ऐसे महापुरुष के संघर्ष, त्याग और कर्मों का सदैव ऋणी रहेगा।

हाँलाकी लोग मानते हैं कि बाबा साहब डॉ. भीम राव अंबेडकर जी का महापरिनिर्वाण हो गया लेकिन मैं मानता हूँ कि बाबा साहब डॉ. भीम राव अंबेडकर जी आज भी इस दुनिया में और हमारे बीच जीवित हैं इस देश के संविधान के रूप में।

पुस्तक लिखने का मुख्य उद्देश्य

1. हमारे इस स्वतंत्र और लोकतांत्रिक देश में निवास करने वाली आबादी का अधिक प्रतिशत भाग हमारे देश के सभी महापुरुषों और स्वतंत्रता संग्राम सेनानियों के बारे में सही से नही जानता है। जिसकी वजह से उसे आज इतने अधिकार और जीवन जीने का शानदार माध्यम मिला हुआ है।

2. अपने महापुरुषों के बारे में जानकारी न होने का सबसे बड़ा और मुख्य कारण है शिक्षा और जब तक लोग शिक्षा से दूर हैं या रहेंगे तब तक वे अपने खुद के बारे में और अपने महापुरुषों के बारे में सही से जानकारी हासिल नहीं कर सकते हैं।

3. आज के इस आधुनिक भारत और आधुनिक जीवन में मैंने खुद देखा और लगातार देख रहा हूँ कि शिक्षा को ज्यादा से ज्यादा लोग सिर्फ अपने जीविका चलाने के उद्देश्य से हासिल कर रहे हैं। उनका मानना है कि अगर कोई सरकारी नौकरी उन्हे मिलती है तो ठीक है तब वे शिक्षा के लिए अपने पैसे खर्च करने के बारे में सोचेंगे और अगर ऐसा नहीं है तो वे शिक्षा के लिए पैसे नही खर्च् करना चाहते है। अब ये लोगों की बहुत ही अजीब ही धारणा बनी हुई है और अब इसे किस प्रकार से समाप्त किया जाए।

4. हमें हमारे पूर्वजों और महापुरुषों के महान संघर्षो को आगे भी जारी रखने के लिए, मानव जीवन के वास्तविक अस्तित्व को बनाए रखने के लिए और अपने विकास के लिए अगर कुछ सबसे ज्यादा महत्वपूर्ण है तो, वो सिर्फ शिक्षा है।

5. मैंने अधिकतर लोगों को देखा की जब तक वे विद्यार्थी जीवन में होते हैं तब तक तो शायद वे शिक्षा, समाज और संसार के बारे में शायद सीखने की कोशिश करते हैं। लेकिन जैसे ही वे विद्यार्थी जीवन से

बाहर निकलते हैं तो शायद वे ऐसा महसूस करते हैं कि या फिर चाहते है कि जैसे अब उन्हें समाज और संसार के बारे में जानने की कोई आवश्यकता नही है और अपने खुद के व्यक्तिगत जीवन में व्यस्त हो जाते हैं हालांकि उनका व्यक्तिगत जीवन में व्यस्त होना गलत नही है, लेकिन अपने व्यक्तिगत जीवन से थोड़ा सा व्यक्त निकाल कर समाज और संसार के बारे में भी सोचना चाहिए।

6. हमे अपने मानव जीवन के वास्तविक अस्तित्व को बनाए रखने, संसार के अनेक पहलुओं पर विचार करने के लिए और अपने खुद के विकास के लिए हमे शिक्षित होना बहुत जरूरी है।

7. इंसान चाहे गरीब हो, या अमीर दोनों के जीवन शैली में काफी अंतर होता है लेकिन अगर दोनों समान रूप से शिक्षित हैं तो, सिर्फ शिक्षा ही ऐसी चीज है या हो सकती है जो कि दोनों में सामान्य रूप से पायी जा सकती है।

8. आज के इस आधुनिक जीवन में अगर व्यक्ति चाहे तो, अपने अनुसार शिक्षा को ग्रहण कर सकता है। हाँ शायद कुछ ऐसे लोग भी हैं जो कि शायद इस कार्य में असमर्थ हो सकते हैं लेकिन ऐसे लोग बहुत ही कम हैं क्योंकि अगर देखा जाए तो, आज के इस दौर में सरकार के विभिन्न योजनाओं के तहत लगभग हर गरीब का बच्चा भी पढ़ सकता है।

9. मेरा तो स्वयं का यह सबसे बड़ा उद्देश्य है कि शिक्षा को देश और दुनिया के कोने-कोने तक पहुँचाना अब इसमें देखना यह कि आप लोग मेरा कितना साथ दे सकते हैं

10. बस आखिरी बिन्दु में मुझे ऐसा महसूस हो रहा है कि आप इस पेज के प्रमुख बिंदुओं को पढ़ने के बाद मेरे उद्देश्य और मेरी सोच को बेहतर तरीके से समझ चुके होंगें आखिरी में मैं आपसे बस एक बात कहना चाहूँगा कि आप गरीब हों या अमीर लेकिन खुद को और अपने परिवार को शिक्षित करने की पूरी कोशिश करें।

धन्यवाद

लेखक की तरफ से पाठकों को संदेश-

प्रिय पाठकों मैं आप लोगों से इस पुस्तक के बारे में कुछ बताना चाहता हूँ। वैसे तो पूरी पुस्तक को पढ़ने के बाद आप इस पुस्तक में समाहित सारी चीजों के बारे में खुद समझ जायेंगे लेकिन उससे पहले मैं आपको कुछ विशेष चीजों के बारे में बताना चाहता हूँ।

इस पुस्तक को लिखने का मेरा मुख्य उद्देश्य यह है कि शायद जिसके बारे में मैं यह पुस्तक लिख रहा हूँ उस महामानव के बारे में सभी लोग सही तरीके से नही जानते हैं या आप कह सकते हैं कि जानकारी का अभाव है।

ऐसे महामानव के बारे में सही से जानकारी न होना शायद यह हमारा बहुत बड़ा दुर्भाग्य है। लेकिन अब आप लोगों को इस बात से परेशान होने की कोई जरूरत नही है क्योंकि आपकी परेशानी को दूर करने के लिए हमने यह पुस्तक लिखने की कोशिश की है। और मुझे आशा और विश्वास है कि यह पुस्तक आप लोगों को सही और शानदार जानकारी देने में मददगार साबित होगी।

प्रिय पाठकों आप सभी से मैं कहना चाहता हूँ कि अगर शायद लोग अच्छे व्यक्तित्व और अच्छे लोगों के बारे में नही जानते हैं तो ये उनकी गलती है लेकिन अगर जानने के बाद भी सही और पूर्ण जानकारी नही रखना चाहते हैं या फिर नही जानना चाहते हैं तो ये उनकी सबसे बड़ी गलती हो सकती है।

हम सबकी ये महत्वपूर्ण जिम्मेदारी है कि जिन महान व्यक्तियों ने हमारे लिए, इस देश के लिए या फिर इस संसार के लिए अपना योगदान दिया है हमें उनके बारे में पता होना चाहिए, पूर्ण जानकारी होनी चाहिए।

और अगर हमें उनके बारे में नही पता है तो यह हमारी बहुत बड़ी गलती है।

लोगों के बीच में इस जानकारी के आभाव के वजह से और पाठकों को कुछ नया और शानदार देने के लिए मैंने इस पुस्तक को लिखने के लिए अपना कदम आगे बढ़ाया है।

वैसे तो मेरा हमेशा से प्रयास रहा है जब से मैंने पुस्तक लेखन क्षेत्र में कदम रखा है। तब से मैंने पाठकों को कुछ या बहुत कुछ नया और शानदार देने की लगातार कोशिश कि है। और आगे भी मेरी यह कोशिश जारी रहेगी।

जब हम किसी महान व्यक्ति के जीवन और संघर्ष के बारे में पढ़ते हैं। तो हमें एक अलग सी ताकत मिलती है एक नई सोच बनती है कुछ बड़ा करने की कुछ यादगार करने की इच्छा होती है।

आज तक जीतने भी महान व्यक्ति हुए हैं उन सभी लोगों ने अपने पूरे जीवन में लगातार संघर्ष किया अपने चुनौतियों का सामना किया और लोगों के लिए अपना अलग-अलग योगदान दिया इसी लिए तो वे लोग आज महान कहे जाते हैं।

इस पुस्तक को लिखते समय यथासंभव सावधानी बरती गई है लेकिन फिर भी आप लोगों की तरफ से प्रेषित किसी भी रचनात्मक सुझाव का मैं स्वागत करता हूँ।

दिल से धन्यवाद

शुभकामनाओं सहित 24th फरवरी, 2023.

संदीप कुमार एस

आज़मगढ़ उत्तर-प्रदेश

विषय सूची

अध्याय-1

भारत के सबसे बड़े मसीहा क्यों?

बाबा साहब डॉ. भीम राव अंबेडकर जी ने अपने जीवन की सभी मुश्किलों से लड़ा और अपनी योग्यता को इस देश और दुनिया के सामने रखा।

इस देश में इसी देश के मानुवादियों के द्वारा फैलाए गए छूआछूत और जातिगत भेदभाव के वर्षों पुरानी बेड़ियों को तोड़कर इस देश का संविधान बनाया और इस देश का संविधान बनाकर उन्होंने देशवासियों को सबसे बड़ी संपत्ति दी।

बाबा साहब डॉ. भीम राव अंबेडकर जी ने महिलाओं के लिए महिला हिन्दू कोड बिल पास करवाकर उन्होंने देश की महिलओं के लिए सबसे बड़ा योगदान दिया।

देश के प्रत्येक नागरिक को बाबा साहब डॉ. भीम राव अंबेडकर जी ने मताधिकार दिया।

बाबा साहब डॉ. भीम राव अंबेडकर जी ने दुनिया के पचास देशों के संविधान का अध्ययन करके इस देश का पूरी दुनिया का सबसे विशाल संविधान बनाया।

बाबा साहब डॉ. भीम राव अंबेडकर जी ने इस देश से राजतन्त्र को हमेशा के लिए मिटाकर लोकतंत्र को स्थापित किया।

अगर हम इस देश के महान व्यक्तियों की बात करें तो तमाम लोग मिल जाएंगे लेकिन उन सभी के कार्य किसी क्षेत्र विशेष तक ही सीमित थे। लेकिन अगर बाबा साहब डॉ. भीम राव अंबेडकर जी की बात करें तो बाबा साहब डॉ. भीम राव अंबेडकर जी ने इस देश के सभी नागरिकों के लिए और सभी क्षेत्रों में सबसे महान कार्य किये।

बाबा साहब डॉ. भीम राव अंबेडकर जी ने अपने खुद के जीवन को इस देश के प्रति समर्पित कर दिया।

हमने काफी लोगों को देखा कि वे बाबा साहब डॉ. भीम राव अंबेडकर जी को सिर्फ दलितों का नेता मानते हैं और कहते हैं कि बाबा साहब डॉ. भीम राव अंबेडकर जी ने सिर्फ दलितों के लिए काम किया है जबकि ये बात बिल्कुल गलत है क्योंकि बाबा साहब डॉ. भीम राव अंबेडकर जी ने सिर्फ दलितों के लिए नही बल्कि इस देश के सभी नागरिकों के लिए महान कार्य किये हैं।

बाबा साहब डॉ. भीम राव अंबेडकर जी इस देश का संविधान बनाकर इस देश के हर एक नागरिक को उन्होंने अधिकार दिया कि वे अपने इच्छानुसार अपने देश के राजा को चुन सकते हैं।

इस देश के राजा को बनाने और बिगाड़ने वाली डोर को बाबा साहब डॉ. भीम राव अंबेडकर जी ने देश के हर नागरिक के हाथों में सौंप दी।

इसी लिए इस देश के सबसे बड़े मसीहा कहे जाते हैं।

इंडिया के गॉड फादर बाबा साहब डॉ. भीम राव अंबेडकर

अध्याय-2

जन्म

भारत एवं विश्व रत्न बाबा साहब डॉ. भीम राव अंबेडकर जी का जन्म 14 अप्रैल सन् 1891 में भारत के मध्य प्रांत, मध्य प्रदेश के इंदौर के पास महू छावनी में हुआ था। उनके पिता जी का नाम राम जी मालो जी सकपाल और माता का नाम भीमाबाई था। जब बाबा साहब का जन्म हुआ था। तब उनके पिता इंडियन आर्मी में सूबेदार थे। और उनकी पोस्टिंग इंदौर में थी। तीन साल बाद इनके पिता जी रिटायर हो गए और उनका पूरा परिवार महाराष्ट के सातारा जिले में शिफ्ट हो गया।

बाबा साहब अपने माता-पिता की चौदहवीं और अंतिम संतान थे ये अपने परिवार में सबसे छोटे थे और इसीलिए ये सबके चहेते भी थे। बाबा साहब डा. भीम राव अंबेडकर जी मराठी परिवार से भी संबंध रखते थे। वे महाराष्ट्र के अंबावड़े गांव से संबंध रखते थे। जो की अब महाराष्ट के रत्नागिरी जिले में है। बाबा साहब महार जाति यानि की दलित परिवार में पैदा हुए थे। जिसके वजह से उनके साथ सामाजिक एवं आर्थिक भेदभाव किया जाता था। यही नही दलित होने की वजह से उन्हें अपने उच्च शिक्षा के लिए भी काफी संघर्ष करना पड़ा। हालांकि सभी कठिनाइयों को पार करते हुए उन्होंने दुनिया की सर्वोच्च शिक्षा हासिल की। और अपने आप को और अपनी योग्यता को उन्होंने दुनिया के सामने रख दिया। बाबा साहब ड़ा. भीम राव अंबेडकर जी के पूर्वज लंबे समय से ब्रिटिश ईस्ट इंडिया कंपनी की सेना में कार्यरत रहे थे। और उनके पिता जी राम जी सकपाल भी भारतीय सेना के महू छावनी में सेवारत थे। तथा वहाँ काम करते हुए सूबेदार के पद तक पहुँच चुके थे। उन्होंने मराठी और अंग्रेजी भाषा में औपचारिक शिक्षा प्राप्त की थी।

शिक्षा एक ऐसा तन्त्र है, जो हमें हमारे बारे में, देश, समाज, संसार और खुद अपने बारे में सिखलाता है।

जो इंसान शिक्षा से वंचित रह जाते हैं और समाज से भी उनकी पहुँच दूर होती है।

शायद उन्हें तो इस समाज, देश, दुनिया और खुद अपने बारे में कि इस देश में उनका क्या अधिकार है कुछ पता ही नही होता है।

तो फिर ऐसे लोग समाज, देश और दुनिया के विकास में कैसे सहयोग कर सकते हैं।

हमारे देश के हर एक नागरिक और बच्चे को शिक्षा का अधिकार है।

लेकिन आज के इस आधुनिक जीवन में भी न जाने कितने ऐसे बच्चे हैं जो शिक्षा से वंचित रह जाते हैं। तो आईये हम सब मिलकर शिक्षा के प्रति जागरुकता फैलायें।

One step towards education

अध्याय-3

शिक्षा

प्राथमिक शिक्षा

अपनी जाति के कारण बालक भीम राव को सामाजिक प्रतिरोध का सामना करना पड़ रहा था। उन्हे कक्षा से बाहर बैठाया जाता था। स्कूल की पढ़ाई में सक्षम होने के बावजूद भी छात्र भीम राव को छूवाछूत के कारण अनेक प्रकार की कठिनाइयों का सामना करना पड़ता था।

बाबा साहब ड़ा. भीम राव अंबेडकर जी ने सतारा शहर में राजवाड़ा चौक पर स्थित गवर्नमेंट हाईस्कूल (अब प्रताप सिंह हाईस्कूल) में 7 नवंबर 1900 को अंग्रेजी की पहली कक्षा में प्रवेश लिया इसी दिन से उनके शैक्षिक जीवन का आरंभ हुआ था। इसीलिए 7 नवंबर को महाराष्ट में विद्यार्थी दिवस के रूप में मनाया जाता है।

बाबा साहब डा. भीम राव आंबेड़कर जी का मूल उपनाम सकपाल के बजाय आंबड़वेकर लिखवाया था। जो की उनके गाँव आंबड़वे से संबंधित था। कोंकण प्रांत के लोग अपना उपनाम गाँव के उपनाम से रखते थे।

अत: अम्बेडकर के आंबडवे गाँव से अम्बेडकर उपनाम स्कूल में दर्ज करवाया गया। बाद में देवरूखे ब्राह्मण शिक्षक कृष्णा महादेव आंबेडकर जो उनसे विशेष स्नेह रखते थे, ने उनके नाम से आंबडवेकर हटाकर अपना सरल अंबेडकर उपनाम जोड़ दिया। तब से आज तक वे अम्बेडकर नाम से जाने जाते हैं।

उस समय उन्हे 'भिवा' कहकर बुलाया जाता था। स्कूल में उस समय 'भिवा रामजी आंबेडकर' यह उनका नाम उपस्थिति पंजिका में क्रमांक 1914 पर अंकित था। जब वे अंग्रेजी चौथी कक्षा की परीक्षा उत्तीर्ण हुए।

मानवता ही धर्म है। मानवता से बड़ा कोई धर्म नही है। मानवता से ही यह संसार चल रहा है जाति और धर्म से नही क्योंकि जाति और धर्म किसी क्षेत्र विशेष की चीजें होती है।

अपने जीवन में एक लक्ष्य बनाईये और उस लक्ष्य को पूरा करने के लिये अपनी पूरी ताकत लगा दीजिये निश्चित रूप से आप सफल होंगे।

संघर्ष मनुष्य को धैर्यवान और शक्तिशाली बनाता है।

बॉम्बे विश्वविद्यालय से स्नातक अध्ययन

1907 में उन्होंने अपनी मैट्रिक परीक्षा उत्तीर्ण की और अगले वर्ष उन्होंने एल्फिंस्टिन कॉलेज में प्रवेश लिया। जो बाम्बे विश्वविद्यालय से संबंध था। इस स्तर पर शिक्षा प्राप्त करने वाले अपने समुदाय से वे पहले व्यक्ति थे।

इस मौके पर एक दीक्षांत समारोह का आयोजन भी किया गया इस समारोह में भीमराव अंबेडकर की प्रतिभा से प्रभावित होकर उनके शिक्षक श्री कृष्णा जी अर्जुन केलुसकर ने उन्होंने खुद से लिखी गई किताब 'बुद्ध चरित्र' गिफ्ट के तौर पर दी। वहीं बड़ौदा नरेश सयाजी राव गायकवाड़ की फेलोशिप पाकर बाबा साहब डा. भीम राव अम्बेडकर जी ने अपनी आगे की पढ़ाई जारी रखी।

बाबा साहब डा. भीम राव अम्बेडकर जी की बचपन से ही पढ़ाई में बहुत रुचि थी। और वे एक होनहार और कुशाग्र बुद्धि के विद्यार्थी थे इसीलिए वे अपनी हर परीक्षा में सफल होते चले गए।

1908 में बाबा साहब डा. भीम राव अम्बेडकर जी ने एल्फिंस्टिन कॉलेज में एडमिशन लेकर फिर इतिहास रच दिया। दरअसल वे पहले दलित विद्यार्थी थे। जिन्होंने उच्च शिक्षा हासिल करने के लिए कॉलेज में दाखिला लिया था।

उन्होंने 1912 में मुंबई विश्वविद्यालय से ग्रेजुएशन की परीक्षा पास की। संस्कृत पढ़ने पर मनाही होने से वह फारसी से उत्तीर्ण हुए। इस कॉलेज से उन्होंने अर्थशास्त्र और राजनीति विज्ञान में डिग्री के साथ ग्रेजुएशन की उपाधि प्राप्त की।

किस्मत नाम के शब्द पर विश्वास करने से अच्छा होगा कि अपने खुद के मेहनत, इच्छा और आत्मविश्वास पर भरोसा करना। जो आपको आपकी सफलता पाने के लिये जिम्मेदार होते हैं। अगर आप अपनी मंजिल की तरफ

एक कदम भी चलेंगे तो आपके मंजिल और आपके बीच की दूरी एक कदम कम हो जायेगी अर्थात आप अपने मंजिल के करीब हो रहे हैं और अगर आप एक कदम भी अपनी मंजिल की तरफ नही चलेंगे और इसी चीज को किस्मत पर छोड़ देंगे तो आपके और आपके मंजिल के बीच की दूरी कम नही होगी।

कोलम्बिया विश्वविद्यालय में स्नातकोत्तर अध्ययन

1913 में बाबा साहब डा. भीम राव अम्बेडकर जी 22 साल की आयु में संयुक्त राज्य अमेरिका चले गए। जहां उन्हे सयाजी राव गायकवाड तृतीय (बड़ौदा के गायकवाड) के द्वारा स्थापित एक योजना तहत न्यूयार्क शहर स्थित कोलम्बिया विश्वविद्यालय में स्नातकोत्तर की शिक्षा के अवसर प्रदान करने के लिए तीन साल के लिए 11.50 डालर प्रतिमाह बड़ौदा राज्य की छात्रवृत्ति प्रदान की गई थी। वहाँ पहुँचने के तुरंत बाद वे लिविंगस्टन हॉल में पारसी मित्र नवल भातेना के साथ रहने लगे।

जून 1915 में उन्होंने अपनी कला स्नातकोत्तर (एम. ए.) की परीक्षा पास की। जिसमें अर्थशात्र प्रमुख विषय, और समाज शास्त्र, इतिहास, दर्शनशात्र और मानव-विज्ञान यह अन्य विषय थे। उन्होंने स्नातकोत्तर के लिए एशिएन्ट इंडियंस कॉमर्स (प्राचीन भारतीय वाणिज्य) विषय पर शोध कार्य प्रस्तुत किया। आंबेडकर जॉन डेवी और लोकतंत्र पर उनके काम से प्रभावित थे।

1916 में, उन्हे अपना दूसरा शोध कार्य, नेशनल डेविडेंड ऑफ इंडिया – अ हिस्टोरिक एंड एनालिटिकल स्टडी के लिए दूसरी कला स्नातकोत्तर प्रदान की गई, और अंततः उन्होंने लंदन की राह ली।

1916 में अपने तीसरे शोध कार्य इवोल्यूशन ऑफ प्रोविनशीयल फाइनांस इन ब्रिटिश इंडिया के लिए अर्थशास्त्र में पीएचडी की उपाधि प्रदान की गई।

9 मई को, उन्होंने मानव विज्ञानी अलेक्जेंडर गोल्डेनवेइज़र द्वारा आयोजित एक सेमिनार में 'भारत में जातियाँ: उनकी प्रणाली, उत्पत्ति और विकास' नामक एक शोध पत्र प्रस्तुत किया। जो उनका पहला प्रकाशित पत्र था।

तीन वर्ष तक की अवधि के लिए मिली हुई छात्रवृत्ति का उपयोग उन्होंने केवल दो वर्षो में अमेरिका में पाठ्यक्रम पूरा करने में किया और 1916 में वे लंदन गए।

हमने जब से जन्म लिया है तब से लेकर हर रोज लगातार संघर्ष कर रहे हैं और हर एक मुश्किलों पर जीत हासिल करते चले जा रहे हैं। हम हर रोज थकते हैं और नई सुबह के इंतजार में बस एक आश लगाये बैठे रहते हैं कि नई सुबह आयेगी और नई उम्मीद लेकर आयेगी लेकिन कभी-कभी ऐसा होता है कि जब हम शायद कुछ ज्यादा ही थक जाते हैं और उम्मीदें टूटने लगती हैं और ऐसा महसूस होता है कि अब शायद हम कभी जीत नही सकते हैं। बस इसी को तो, हार कहते हैं। लेकिन हमें हारना नही है बल्कि हार को हराना है ऐसी परिस्थितियों में घिरे होने के बावजूद भी हमें ऐसी परिस्थिति से शायद तुरंत बाहर निकलना ही सबसे ज्यादा महत्वपूर्ण होगा और फिर से अपने मंजिल के रास्ते पर चलना शुरु कर देना चाहिये और ऐसा साहस करना और विश्वाश होना ही सफल होने का मुख्य मार्ग है।

लंदन स्कूल ऑफ इकोनॉमिक्स से स्नातकोत्तर अध्ययन

अक्टूबर 1916 में, बाबा साहब डा. भीम राव अम्बेडकर जी लंदन चले गए। और वहाँ उन्होंने ग्रेज़ इन में बैरिस्टर कोर्स (विधि अध्ययन) के लिए प्रवेश लिया। और साथ ही लंदन स्कूल ऑफ इकोनॉमिक्स में भी प्रवेश लिया। जहां उन्होंने अर्थशास्त्र की डॉक्टरेट की थीसिस पर काम करना शुरू किया।

जून 1917 में, विवश होकर उन्होंने अपना अध्ययन अस्थायी तौर पर बीच में ही छोड़ कर वापस भारत लौट आए। क्योंकि बड़ौदा राज्य से उनकी छात्रवृत्ति समाप्त हो गई थी। लौटते समय उनके पुस्तक संग्रह को उस जहाज से अलग दूसरी जहाज पर भेजा गया। जिसे जर्मन पनडुब्बी के टारपीडो द्वारा डुबो दिया गया। ये प्रथम विश्व युद्ध का काल था। उन्हे चार साल के भीतर अपने थीसिस के लिए लंदन लौटने की अनुमति मिली।

बड़ौदा राज्य के सेना सचिव के रूप में काम करते हुए अपने जीवन में अचानक फिर से आए भेदभाव से बाबा साहब डा. भीम राव अम्बेडकर जी निराश हो गए और अपनी नौकरी छोड़ दी। और एक निजी ट्युटर और लेखाकार के रूप में काम करने लगे। यहाँ तक कि उन्होंने अपना परामर्श व्यवसाय भी आरंभ किया। जो उनकी सामाजिक स्थिति के कारण विफल रहा। अपने एक जानकार मुंबई के पूर्व राज्यपाल लॉर्ड सिडनेम के कारण उन्हे मुंबई

के सिडनेम कॉलेज ऑफ कॉमर्स एंड इकोनॉमिक्स में राजनीतिक अर्थ व्यवस्था के प्रोफेसर के पद के लिए नौकरी मिल गई।

1920 में कोल्हापुर के शाहू महाराज, अपने पारसी मित्र के सहयोग और कुछ निजी बचत के सहयोग से वो एक बार फिर से इंग्लैंड वापस जाने में सफल हो पाए।

तथा 1921 में विज्ञान स्नातकोत्तर (एम. एससी) की डिग्री हासिल की। 1922 में, उन्हे ग्रेज़ इन ने बैरिस्टर-एट-लॉज की उपाधि प्रदान की। और उन्हे ब्रिटिश बार में बैरिस्टर के रूप में प्रवेश मिल गया।

1923 में, उन्होंने अर्थशास्त्र में डी. एससी. (डॉक्टर ऑफ साइंस) उपाधि प्राप्त की। उनकी थीसिस "दी प्रॉबलम ऑफ दी रूपी: इट्स ओरिजिन एंड इट्स सॉल्यूशन" (रूपये की समस्या: इसकी उत्पत्ति और इसका समाधान) पर थी। लंदन का अध्ययन कार्य पूरा करके भारत वापस लौटते हुए बाबा साहब डा. भीम राव अम्बेडकर जी तीन महीने जर्मनी में रुके, जहां उन्होंने अपना अर्थशास्त्र का अध्ययन, बॉन विश्वविद्यालय में जारी रखा। किन्तु समय की कमी के कारण से वे विश्वविद्यालय में अधिक समय तक नही ठहर सकें।

उनकी तीसरी और चौथी डॉक्टरेट एल. एल. डी. कोलम्बिया विश्वविद्यालय, 1952 और डी . लिट., उस्मानिया विश्वविद्यालय, 1953 सम्मानित उपाधियाँ थी।

अपने जीवन में एक लक्ष्य बनाईये और उस लक्ष्य को पूरा करने के लिये अपनी पूरी ताकत लगा दीजिये निश्चित रूप से आप सफल होंगे।

अध्याय-4

विवाह

पहला विवाह

रामजी सकपाल परिवार के साथ बंबई (अब मुंबई) चले आए। अप्रैल 1906 में, जब भीमराव लगभग 15 वर्ष के थे। तो 9 साल की लड़की रमाबाई से उनकी शादी कराई गयी थी। तब वे पाँचवीं अंग्रेजी कक्षा में पढ़ रहे थे।

बाबा साहब डॉ. भीम राव अंबेडकर जी का विवाह रमाबाई से हुआ हालांकि लंबी बीमारी के बाद मात्र 37 वर्ष की उम्र में रमाबाई का निधन हो गया। उन दिनों भारत में बाल-विवाह का प्रचलन था।

रमाबाई के निधन के बाद बाबा साहब डॉ. भीम राव अंबेडकर जी को दूसरा विवाह भी करना पड़ता है।

जीवन में चाहे कितनी भी मुश्किलें क्यों न आ जाए लेकिन उससे कभी घबराना नही चाहिए क्योंकि जो डर गया वो हार गया लेकिन जो लड़ गया वो जीत गया।

अगर जिस व्यक्ति ने बाबा साहब डा. भीम राव अंबेड़कर जी के बारे में पूर्ण रूप से पढ़ लिया तो मुझे उम्मीद है कि वह व्यक्ति शायद अंबेडकरवादी हो के रहेगा।

अगर आपको जीवन में सफल होना है तो, आप अपने और अपनी सफलता, मंजिल के बीच में किसी समस्या को मत आने दीजिये अर्थात आप समस्याओं से दूर रहिये या उन समस्याओं को दूर करिये जो आपको आपके मंजिल और आपके के बीच में बाधा बन रही हो और अपनी भावनाओं, अपनी समस्त ज्ञानेंद्रियों को अपने नियंत्रण में रखिये। अगर आप ऐसा कर पा रहे हैं

तो, निश्चित रूप से आप सफल व्यक्ति हैं फिर आपको सफलता के बारे में सोचने या चिंता करने की कोई बात नही है।

दूसरा विवाह

बाबा साहब डा. भीम राव अम्बेडकर जी की पहली पत्नी रमाबाई की लंबी बीमारी के बाद 1935 में निधन हो गया।

1940 के दशक के अंत में भारतीय संविधान के मसौदे को पूरा करने के बाद, बाबा साहब डा. भीम राव अम्बेडकर जी नींद की कमी से पीड़ित थे। उनके पैरों में न्यूरोपैथिक दर्द था।, और इंसुलिन और होमियोपैथिक दवाएं ले रहे थे।

बाबा साहब डा. भीम राव अम्बेडकर जी इलाज के लिए बाम्बे (मुंबई) गए। और वहाँ डॉकटर शारदा कबीर से मिले। जिसके साथ उन्होंने 15 अप्रैल 1948 को नई दिल्ली में अपने घर पर विवाह कर लिया।

डॉक्टरों ने एक ऐसे जीवन साथी की सिफारिश की जो एक अच्छा खाना पकाने वाली हो और उनकी देखभाल करने के लिए चिकित्सा का ज्ञान हो।

डॉक्टर शारदा कबीर ने शादी के बाद सविता अंबेडकर नाम अपनाया। और उनके बाकी जीवन में देखभाल की। सविता अंबेडकर जिन्हे 'माई' या माइसाहब कहा जाता था, का 29 मई 2003 को नई दिल्ली के मेहरौली में 93 वर्ष की आयु में निधन हो गया।

मानव जीवन सबसे खूबसूरत जिंदगी है तो, इस मनुष्य जीवन में कुछ खूबसूरत करने के लिये सोचिये। अपने मानव जीवन पाने का लाभ उठायें। अगर आप कुछ बेहतर करते हैं तो, मनुष्य जीवन का जो वास्तविक अर्थ है आप उसे पूरा करते हैं और अगर कुछ गलत करते हैं तो, आपका मनुष्य जीवन पाना व्यर्थ है।

सबके लिये मन में सिर्फ प्रेम रखिये घृणा नही। क्योंकि प्रेम इंसानियत और दोस्ती का लक्ष्य होता है जबकि घृणा नफरत और शतुता का।

अध्याय-5

पिताजी का निधन

वर्ष 1913, 2 फरवरी को बाबा साहब डा. भीम राव अम्बेडकर जी के पिता रामजी अंबेडकर का निधन हो गया। और उसी साल बड़ौदा के महाराजा ने उन्हे छात्रवृत्ति से सम्मानित किया और आगे की पढ़ाई के लिए अमेरिका भेजा।

जुलाई 1913 में बाबा साहब डा. भीम राव अम्बेडकर जी न्यूयार्क पहुंचे। बाबा साहब डा. भीम राव अम्बेडकर जी को उनके जीवन में प्रथम बार महार (दलित) होने की वजह से निचा नही देखना पड़ा।

उन्होंने अपने आप को पूर्ण रूप से पढ़ाई में सौंप दिया और मास्टर ऑफ आर्ट्स की डिग्री हासिल की। और 1916 में कोलम्बिया विश्वविद्यालय से अपने शोध "नेशनल डिवेन्डड फॉर इंडिया: अ हिस्टोरिकल एंड एनालिटिकल स्टडी" के लिए दर्शनशास्त्र में डॉक्टरेट की उपाधि प्राप्त की।

बाबा साहब डा. भीम राव अम्बेडकर जी ने अर्थशास्त्र और राजनीति विज्ञान की पढ़ाई के लिए अमेरिका से लंदन गए। और बड़ौदा सरकार ने उनकी छात्रवृत्ति समाप्त कर दी। और उन्हे वापस बुला लिया।

जीवन मूल्य –

संकट का सामना करने वालों को ही सफलता मिलती है।

जब कभी ऐसा होता है कि जिस इंसान पर हम सबसे ज्यादा विश्वाश करते हैं और जिसे हम सबसे ज्यादा कीमती समझते हैं और जिसे हम सबसे ज्यादा पसंद करते हैं। और वही इंसान हमें धोखा देता है तो, उस वक्त अपने

आपको जो तकलीफ होती है उसे सहन करना बहुत ही मुश्किल होता है। लेकिन हमारा दिल शायद बहुत कुछ या सब कुछ धीरे-धीरे सहन कर लेता है। जिस इंसान ने हमें धोखा दिया उसके धोखा देने के बाद भी हम उस इंसान के प्रति कुछ गलत नही सोचते हैं बल्कि उसके प्रति वफादार, सच्चे, और ईमानदार रहते हैं। सब कुछ पता होने के बावजूद भी कि उस इंसान ने हमें धोखा दिया फिर भी हम उस इंसान को पसंद करते हैं उसके लिये सब कुछ अच्छा सोचते हैं। ये भला कैसी सोच है? बस इसी को तो, सच्चाई, ईमानदारी, वफादारी और इंसानियत कहते हैं।

अध्याय-6

छूआछूत और जातिगत भेदभाव के खिलाफ संघर्ष एवं आंदोलन

बाबा साहब डा. भीम राव अम्बेडकर जी ने कहा था। "छूआछूत गुलामी से भी बदतर है। "बाबा साहब डा. भीम राव अम्बेडकर जी बड़ौदा के रियासत राज्य द्वारा शिक्षित थे, अत: उनकी सेवा करने के लिए बाध्य थे।

उन्हे महाराजा गायकवाड़ का सैन्य सचिव नियुक्त किया गया, लेकिन जातिगति भेदभाव के कारण बाबा साहब डा. भीम राव अम्बेडकर जी को कुछ ही समय में यह नौकरी भी छोड़नी पड़ी।

बाबा साहब डा. भीम राव अम्बेडकर जी ने इस घटना को अपनी आत्मकथा, वेटिंग फॉर अ विजा में वर्णित किया।

इसके बाद बाबा साहब डा. भीम राव अम्बेडकर जी ने अपने बढ़ते परिवार के लिए जीविका साधन खोजने के लिए पुन: प्रयास किया, जिसके लिए उन्होंने एक लेखाकार के रूप में, व एक निजी शिक्षक के रूप में भी का किया और एक निवेश परामर्श व्यवसाय की स्थापना भी की किन्तु ये सभी प्रयास भी विफल हो गए जब उनके ग्राहकों ने जाना कि ये एक अछूत हैं।

1918 में, बाबा साहब डा. भीम राव अम्बेडकर जी सिडेनहम कॉलेज ऑफ कॉमर्स एंड इकोनॉमिक्स में राजनीतिक अर्थशास्त्र के प्रोफेसर बने। हालांकि वे छात्रों के साथ सफल रहें। लेकिन फिर भी अन्य प्रोफेसरों ने उनके साथ पानी पीने के बर्तन को साझा करने का विरोध किया।

भारत सरकार अधिनियम 1919, तैयार कर रही साउथबरो समिति के समक्ष, भारत के एक प्रमुख विद्वान के तौर पर बाबा साहब डा. भीम राव

अम्बेडकर जी को साक्ष्य देने के लिए आमंत्रित किया गया। इस सुनवाई के दौरान, बाबा साहब डा. भीम राव अम्बेडकर जी ने दलितों के लिए और अन्य धार्मिक समुदाय के लिए पृथक निर्वाचिका और आरक्षण देने की वकालत की।

1920 में, बंबई से, बाबा साहब डा. भीम राव अम्बेडकर जी ने साप्ताहिक मूकनायक प्रकाशन की शुरुआत की। और बाबा साहब डा. भीम राव अम्बेडकर जी का यह प्रकाशन शीघ्र ही पाठकों में लोकप्रिय हो गया। तब बाबा साहब डा. भीम राव अम्बेडकर जी ने इसका प्रयोग रूढ़ीवादी हिन्दू राजनेताओं व जातीय भेदभाव से लड़ने के प्रति भारतीय राजनैतिक समुदाय की अनिच्छा की आलोचना करने के लिए किया। बाबा साहब डा. भीम राव अम्बेडकर जी का दलित वर्ग के लिए एक सम्मेलन के दौरान दिए गए भाषण ने कोल्हापुर राज्य के स्थानीय शासक शाहू चतुर्थ को बहुत प्रभावित किया, जिनका बाबा साहब डा. भीम राव अम्बेडकर जी के साथ भोजन करना रूढ़िवादी समाज में हलचल मचा गया।

बाम्बे हाईकोर्ट में विधि का अभ्यास करते हुए, बाबा साहब डा. भीम राव अम्बेडकर जी ने अछूतों की शिक्षा को बढ़ावा देने और उन्हे ऊपर उठाने के प्रयास किये। बाबा साहब डा. भीम राव अम्बेडकर जी का पहला संगठित प्रयास केन्द्रीय संस्थान बहिष्कृत हितकारिणी सभा की स्थापना की, जिसका उद्देश्य शिक्षा और सामाजिक, आर्थिक सुधार को बढ़ावा देने के लिए साथ ही अवसादग्रस्त वर्गों के रूप में संदर्भित “बहिष्कार” के लिए कल्याण करना था।

दलित अधिकारों की रक्षा के लिए बाबा साहब डा. भीम राव अम्बेडकर जी ने मूकनायक, बहिष्कृत भारत, समता, प्रबुद्ध भारत और जनता जैसी पाँच पत्रिकाये निकालीं।

बाबा साहब डा. भीम राव अम्बेडकर जी को सन् 1925 में, बंबई प्रेसीडेंसी समिति में सभी यूरोपीय सदस्यों वाले साइमन कमीशन में काम करने के लिए नियुक्त किया गया। इस आयोग के विरोध में पूरे भारत भर में प्रदर्शन हुए। जहाँ इसकी रिपोर्ट को अधिकतर भारतीयों द्वारा नजर अंदाज कर दिया गया।

बाबा साहब डा. भीम राव अम्बेडकर जी ने अलग से भविष्य के संवैधानिक सुधारों के लिए सिफारिश लिखकर भेजी। द्वितीय आंग्ल मराठा युद्ध के अंतर्गत 1 जनवरी 1818 को हुई कोरेगांव की लड़ाई के दौरान मारे

गए भारतीय महार सैनिकों के सम्मान में बाबा साहब डा. भीम राव अम्बेडकर जी ने 1 जनवरी 1927 को कोरेगांव विजय स्मारक (जयस्तंभ) में एक समारोह आयोजित किया। यहाँ महार समुदाय से संबंधित सैनिकों के नाम संगमरमर के एक शिलालेख पर खुदवाए तथा कोरेगांव को दलित स्वाभिमान का प्रतीक बनाया।

सन् 1927 तक बाबा साहब डा. भीम राव अम्बेडकर जी ने, छूआछूत के विरुद्ध एक व्यापक एवं सक्रिय आंदोलन आरंभ करने का निर्णय लिया। बाबा साहब डा. भीम राव अम्बेडकर जी ने सार्वजनिक आंदोलनों, सत्याग्रहों और जुलूसों के द्वारा, पेयजल के सार्वजनिक संसाधन समाज के सभी वर्गों के लिए खुलवाने के साथ साथ ही उन्होंने अछूतों को भी हिन्दू मंदिरों में प्रवेश करने का अधिकार दिलाने के लिए संघर्ष किया।

बाबा साहब डा. भीम राव अम्बेडकर जी ने महाड़ शहर में अछूत समुदाय को भी शहर की चवदार तालाब से पानी पीने का अधिकार दिलाने के लिए सत्याग्रह चलाया।

1927 के अंत में सम्मेलन में बाबा साहब डा. भीम राव अम्बेडकर जी ने जाति भेदभाव और छूआछूत को वैचारिक रूप से न्यायसंगत बनाने के लिए, प्राचीन हिन्दू पाठ, मानुस्मृति, जिसके कई पद, खुलकर जातीय भेदभाव व जातिवाद का समर्थन करते हैं, की सार्वजनिक रूप से निंदा की, और बाबा साहब डा. भीम राव अम्बेडकर जी ने औपचारिक रूप से प्राचीन पाठ की प्रतियां जलाईं।

25 दिसंबर 1927 को, बाबा साहब डा. भीम राव अम्बेडकर जी ने हजारों अनुयाईयों के नेतृत्व में मनुस्मृति की प्रतियों को जलाया। इसकी स्मृति में प्रतिवर्ष 25 दिसंबर को मनुस्मृति दहन दिवस के रूप में अम्बेडकरवादियों और हिन्दू दलितों द्वारा मनाया जाता है।

1930 में, बाबा साहब डा. भीम राव अम्बेडकर जी ने तीन महीने की तैयारी के बाद कालाराम मंदिर सत्याग्रह शुरू किया। कालाराम मंदिर आंदोलन में लगभग 15000 स्वयंसेवक इकट्ठा हुए, जिससे नाशिक की सबसे बड़ी प्रक्रियाएं हुई। जुलूस का नेतृत्व एक सैन्य बैंड ने किया था, स्काउट्स का एक बैच महिलायें और पुरुष पहली बार देखने के लिए अनुशासन, आदेश और

दृढ़ संकल्प में चले गए थे। जब वे पहुंचे तो द्वार ब्राम्हण अधिकारियों द्वारा बंद कर दिए गए।

अगर आपकी दिशा सही है और दशा नही ठीक है, तो फिर भी आप अपने बेहतर प्रयास़ से अपनी मंजिल को पा सकते हो।

परंतु, यदि आपकी दशा ठीक है लेकिन आपकी दिशा नही सही है, तो आप अपने मंजिल को कभी नही पा सकते हो।

अध्याय-7

व्यक्तिगत जीवन

बाबा साहब डा. भीम राव अम्बेडकर जी के दादाजी का नाम मालोजी सकपाल था, तथा पिता जी का नाम रामजी सकपाल और माताजी का नाम भीमाबाई था।

1906 में बाबा साहब डा. भीम राव अम्बेडकर जी जब 15 वर्ष के थे तब उनकी माँ की मृत्यु हो गई और इसीलिए उनका पालन –पोषण उनकी बुआ मीराबाई ने किया जो बाबा साहब डा. भीम राव अम्बेडकर जी के पिताजी की बड़ी बहन थी। मीराबाई के कहने पर रामजी सकपाल ने जीजाबाई से पुनर्विवाह कर लिया ताकि बालक भीमराव को माँ का प्यार मिल सके। प्रकाश, आनंदराज, तथा भीमराव यह तीनों यशवंत अम्बेडकर के पुत्र हैं।

बाबा साहब डा. भीम राव अम्बेडकर जी जब पाँचवीं अंग्रेजी कक्षा में पढ़ रहे थे। तब उनकी शादी रमाबाई से हुई। रमाबाई और भीमराव को पाँच बच्चे भी हुए – जिनमें चार पुत्र – यशवंत, रमेश, गंगाधर, राजरत्न और एक पुत्री इंदू थी। किन्तु यशवंत को छोड़कर सभी संतानों की बचपन में ही मृत्यु हो गई थी।

बाबा साहब डा. भीम राव अम्बेडकर जी तीन महान व्यक्तियों को अपना गुरु मानते थे। उनके पहले गुरु थे तथागत गौतम बुद्ध, दूसरे संत कबीर दास जी और तीसरे गुरु थे महात्मा ज्योतिबा फूले।

आलोचना –

आज तक इस धरती पर ऐसा कोई आदमी नही हुआ जिसकी उसके समकालीन लोगों ने आलोचना या निंदा नही की हो। आलोचना से वही बच सकता है जो बिल्कुल निकम्मा और निरुपयोगी हो। फल वाले वृक्षों पर ही

पत्थर फेंके जाते हैं। कटीली झाड़ियों पर नही। लोगों द्वारा आलोचना किया जाना आपके सक्षम और सफल व्यक्तित्व का प्रमाण पत्र है। आप निश्चिंत होकर वही कीजिये जिसे आप उचित समझते हैं। और लोक निंदा की परवाह न कीजिये।

अध्याय-8

राजनीतिक जीवन

बाबा साहब डा. भीम राव अम्बेडकर जी ने साल 1936 में स्वतंत्र लेबर पार्टी की स्थापना की।

इसके बाद 1937 में केन्द्रीय विधान सभा चुनाव में उनकी पार्टी ने 15 सीटों पे जीत हासिल की। उस साल 1937 में बाबा साहब डा. भीम राव अम्बेडकर जी ने अपनी पुस्तक 'द एनीहिलेशन ऑफ कास्ट' को भी प्रकाशित की जिसमें उन्होंने हिन्दू रूढ़िवादी नेताओं की कठोर निंदा की और देश में प्रचलित जाति व्यवस्था की भी निंदा की।

इसके बाद बाबा साहब डा. भीम राव अम्बेडकर जी ने एक और पुस्तक प्रकाशित की। हू वर द शूद्राज (शूद्र कौन थे) जिसमें उन्होंने दलित वर्ग के गठन की व्याख्या की।

15 अगस्त 1947 में भारत अंग्रेजों की हुकूमत से जैसे ही आजाद हुआ, वैसे ही बाबा साहब डा. भीम राव अम्बेडकर जी ने अपनी राजनीतिक पार्टी 'स्वतंत्र लेबर पार्टी' को अखिल भारतीय अनुसूचित जाति संघ (ऑल इंडिया शेड्यूल कास्ट) पार्टी में बदल दिया।

बाबा साहब डा. भीम राव अम्बेडकर जी की पार्टी 1946 में हुए भारत के संविधान सभा के चुनाव में अच्छा प्रदर्शन नहीं कर पाई थी।

इसके बाद कांग्रेस और महात्मा गांधी ने दलित वर्ग को हरिजन नाम दिया। जिससे दलित जाति हरिजन के नाम से भी जानी जाने लगी लेकिन अपने इरादों के मजबूत और भारतीय समाज से छूआछूत को हमेशा के लिए मिटाने वाले बाबा साहब डा. भीम राव अम्बेडकर जी को गांधी जी का दिया

गया हरिजन नाम नागवार गुजरा और उन्होंने इस बात का जमकर विरोध किया।

उनका कहना था कि "अछूत समाज के सदस्य भी हमारे समाज के हिस्सा हैं, और वे भी समाज के अन्य सदस्यों की तरह ही नॉर्मल इंसान हैं।"

इसके बाद बाबा साहब डा. भीम राव अम्बेडकर जी को वायसराय एग्जीक्यूटिव कौंसिल में श्रम मंत्री और रक्षा सलाहकार नियुक्त किया गया।

अपने त्याग, संघर्ष और समर्पण के बल पर वे आजाद भारत के पहले "लॉ मिनिस्टर" बने।

बाबा साहब डा. भीम राव अम्बेडकर जी के दलित होने के बावजूद भी मंत्री बनना उनके जीवन की किसी बड़ी उपलब्धि से कम नहीं था।

Education is the most powerful weapon which you can use to change the world

अध्याय-9

हिन्दू धर्म छोड़ने का कारण

हिन्दू धर्म छोड़ने का सबसे बड़ा कारण था 'देश में जन्म के आधार पर ऊँच नीच और जातिगत भेदभाव'।

हालांकि बाबा साहब डा. भीम राव अम्बेडकर जी ने हिन्दू धर्माचार्यो को समझाने का काफी प्रयास किया लेकिन उनके सभी प्रयास निष्फल रहें।

जन्म से लेकर पूरे जीवन भर उन्होंने देखा कि किस प्रकार से किसी जाति विशेष के लोगों के साथ धर्म के नाम पर उनका शोषण किया जाता है इस बात ने उन्हें हिन्दू धर्म को त्यागने के लिए मजबूर कर दिया।

बाबा साहब डा. भीम राव अम्बेडकर जी ने इस जातिगत भेदभाव और छूआछूत की बेड़ियों को हमेशा के लिए तोड़ने का फैसला किया।

बाबा साहब डा. भीम राव अम्बेडकर जी ने इस बात पे बहुत ही विचार किया कि जब वे इतने पढ़े लिखे होने के बावजूद भी उन्हें इन कुरीतियों का सामना करना पड़ता है तो बाकी का जो समाज अशिक्षित है तो आखिर उसे कितना झेलना पड़ेगा ?

बाबा साहब डा. भीम राव अम्बेडकर जी ने जन्म से लेकर जब तक कि उन्होंने बौद्ध धर्म को ग्रहण नही किया तब तक उन्हें इस छूआछूत और जातिगत भेदभाव का सामना करते रहना पड़ा।

बाबा साहब डा. भीम राव अम्बेडकर जी अगर चाहते तो वे इतने पढ़े लिखे थे कि दुनिया के किसी भी देश में वे आराम से सबसे अच्छी नौकरी करके अपना जीवन यापन कर सकते थे लेकिन उन्होंने अपने सुख और आराम की

जिंदगी को ठुकरा के इस देश में फैले छूआछूत और जातिगत भेदभाव की कुरीतियों को जड़ से खत्म करने का निर्णय लिया।

उनके द्वारा किये गए सारे महान कार्यों को इस देश की अधिकतर जनसंख्या का भाग नही जानता है।

बाबा साहब डा. भीम राव अम्बेडकर जी के संघर्षों की वजह से आज हमें और पूरे इस देश के सभी नागरिकों को आराम की जिंदगी मिली है लेकिन आज के इस आधुनिक भारत में भी बाबा साहब डा. भीम राव अम्बेडकर जी का नाम लेने से लोगों को जैसे शर्म सी महसूस होती है।

एक सबसे महत्वपूर्ण बात मैं आपसे कहना चाहता हूँ आज तो दलित भी अपने इच्छानुसार अपनी श्रद्धा की बात करता है और किसी ईश्वर को पूजता है लेकिन एक बात मैं दावे के साथ कहता हूँ कि इस देश में अगर दलितों के लिए कोई ईश्वर है तो वो सिर्फ और सिर्फ बाबा साहब डा. भीम राव अम्बेडकर जी हैं।

अध्याय-10

धर्म परिवर्तन की घोषणा

10-12 साल हिन्दू धर्म के अंतर्गत रहते हुए बाबा साहब डा. भीम राव अम्बेडकर जी ने हिन्दू धर्म तथा हिन्दू समाज को सुधारने, समता तथा सम्मान प्राप्त करने के लिए बहुत प्रयास किये, किन्तु सवर्ण हिंदुओं का हृदय परिवर्तन नहीं हुआ। उल्टे उन्हे निंदित किया गया और हिन्दू धर्म विनाशक तक कहा गया उसके बाद उन्होंने कहा था कि, "हिन्दू समाज में समानता का स्तर प्राप्त करने के लिए हर तरह के प्रयास और सत्याग्रह किये, किन्तु सभी प्रयास और सत्याग्रह निरर्थक सिद्ध हुए। हिन्दू समाज में समानता के लिए कोई स्थान नही है।"

हिन्दू समाज का यह कहना था कि "मनुष्य धर्म के लिए है" जबकि बाबा साहब डा. भीम राव अम्बेडकर जी का कहना था कि धर्म मनुष्य के लिए है।"

बाबा साहब डा. भीम राव अम्बेडकर जी ने कहा था कि ऐसे धर्म का कोई मतलब नहीं जिसमे मनुष्यता का कुछ भी मूल्य नहीं जो अपने ही धर्म के अनुयायियों (अछूतों को) धर्म शिक्षा प्राप्त नहीं करने देता, नौकरी करने में बांधा पहुंचाता है, बात-बात पर अपमानित करता है और यहाँ तक कि पानी तक नही मिलने (पीने) देता है ऐसे धर्म में रहने का कोई मतलब नहीं है।

बाबा साहब डा. भीम राव अम्बेडकर जी ने हिन्दू धर्म त्यागने की घोषणा किसी भी प्रकार की दुश्मनी व हिन्दू धर्म के विनाश के लिए नहीं की थी। बल्कि बाबा साहब डा. भीम राव अम्बेडकर जी ने इसका फैसला कुछ मौलिक सिद्धान्तों को लेकर किया जिनका हिन्दू धर्म में बिल्कुल तालमेल नहीं था।

बाबा साहब डा. भीम राव अम्बेडकर जी ने कहा था "हालांकि मैं एक अछूत हिन्दू के रूप में पैदा हुआ हूँ। ये मेरे बस में नही था लेकिन मैं एक हिन्दू के रूप में नही मरूँगा।"

बाबा साहब डा. भीम राव अम्बेडकर जी ने अपने अनुयायियों से भी हिन्दू धर्म को छोड़कर कोई और धर्म अपनाने का आह्वान किया। उन्होंने अपनी इस बात को भारत भर में कई सार्वजनिक स्थानों/सभाओं में भी दोहराया। इस धर्म परिवर्तन की घोषणा के बाद हैदराबाद के इस्लाम धर्म के निजाम से लेकर कई ईसाई मिशनरियों ने उन्हे करोड़ों रुपये का प्रलोभन भी दिया।

लेकिन बाबा साहब डा. भीम राव अम्बेडकर जी ने सभी को ठुकरा दिया। क्योंकि वे चाहते थे कि दलित समाज की आर्थिक स्थिति में सुधार हो। लेकिन पराए धन पर आश्रित होकर नही बल्कि उनके परिश्रम और संगठन होने से स्थिति में सुधार आए।

इसके अलावा बाबा साहब डा. भीम राव अम्बेडकर जी एक ऐसे धर्म को चुनना चाहते थे जिसका केंद्र मनुष्य और नैतिकता हो, उसमें स्वतंत्रता, समता और बंधुत्व हो। बाबा साहब डा. भीम राव अम्बेडकर जी किसी भी हाल में ऐसे धर्म को नही अपनाना चाहते थे जो वर्णभेद तथा छूआछूत की बीमारी से जकड़ा हो। जिसमें अंधविश्वास और पाखंडवाद हो।

बाबा साहब डा. भीम राव अम्बेडकर जी ने धर्म परिवर्तन की घोषणा करने के बाद 21 वर्ष तक के समय के बीच विश्व के सभी धर्मों का गहन अध्ययन किया।

बाबा साहब डा. भीम राव अम्बेडकर जी के द्वारा इतना लंबा समय लेने का मुख्य कारण यह था कि वे चाहते थे कि जिस समय वे धर्म परिवर्तन करें उनके साथ ज्यादा से ज्यादा उनके अनुयायी धर्मांतरण करें बाबा साहब डा. भीम राव अम्बेडकर जी बौद्ध धर्म को पसंद करते थे क्योंकि उसमें तीन सिद्धांतों का समन्वित रूप मिलता है जो किसी अन्य धर्म मे नहीं मिलता।

बौद्ध धर्म प्रज्ञा (अंधविश्वास तथा अतिप्रकृतिवाद के स्थान पर बुद्धि का प्रयोग), करुणा (प्रेम) और समता (समानता) की शिक्षा देता है।

बाबा साहब डा. भीम राव अम्बेडकर जी का कहना था कि मनुष्य इन्ही बातों को शुभ और आनंदित जीवन के लिए चाहता है। देवता और आत्मा समाज को नही बचा सकते हैं।

बाबा साहब डा. भीम राव अम्बेडकर जी के अनुसार सच्चा धर्म वही है जिसका केंद्र मनुष्य और नैतिकता हो, विज्ञान अथवा बौद्धिक तत्व पर आधारित हो, न कि धर्म का केंद्र ईश्वर, आत्मा की मुक्ति और मोक्ष। साथ ही बाबा साहब डा. भीम राव अम्बेडकर जी का यह भी कहना था 'धर्म का कार्य विश्व का पुनर्निमाण करना होना चाहिए न कि उसकी उत्पत्ति और अंत की व्याख्या करना।

बाबा साहब डा. भीम राव अम्बेडकर जी जनतान्त्रिक समाज व्यवस्था के पक्षधर थे क्योंकि उनका मानना था ऐसी स्थिति में धर्म मानव जीवन का मार्गदर्शक बन सकता है ये सभी बातें उन्हे एकमात्र बौद्ध धर्म में मिलीं।

अगर आप अपने लक्ष्य को पूरा करना चाहते हैं तो अपने और अपने लक्ष्य के बीच में किसी को भी मत आने दीजिये। अपने ध्यान को अपने लक्ष्य पर केंद्रित करिये। सफल होने के लिये बेहतर प्रयास कीजिये फेल होने के बारे में बिल्कुल मत सोचिये। धीरे परंतु, लगातार अपने मंजिल की तरफ एक-एक कदम आगे बढ़ते रहिये निश्चित रूप से एक दिन ऐसा जरूर आयेगा जब आप अपने मंजिल के करीब होंगे अर्थात आप अपनी मंजिल को पा लेंगे।

अध्याय-11

बौद्ध धर्म में परिवर्तन

सन् 1950 के दशक में बाबा साहब डा. भीम राव अम्बेडकर जी बौद्ध धर्म के प्रति आकर्षित हुए और बौद्ध भिक्षुओं व विद्वानों के एक सम्मेलन में भाग लेने के लिए श्रीलंका (तब सीलोन) गए।

पुणे के पास एक नया बौद्ध विहार को समर्पित करते हुए, बाबा साहब डा. भीम राव अम्बेडकर जी ने घोषणा की कि वे बौद्ध धर्म पर एक पुस्तक लिख रहे हैं। और जैसे ही यह समाप्त होगी वह औपचारिक रूप से बौद्ध धर्म को अपना लेंगे।

1954 में बाबा साहब डा. भीम राव अम्बेडकर जी ने म्यांमार का दो बार दौरा किया, दूसरी बार वे रंगून में तीसरे विश्व बौद्ध फेलोशिप के सम्मेलन में भाग लेने के लिए गए।

1955 में उन्होंने भारतीय बौद्ध महासभा यानी बुद्धिस्ट सोसाइटी ऑफ इंडिया की स्थापना की।

बाबा साहब डा. भीम राव अम्बेडकर जी ने अपने अंतिम प्रसिद्ध ग्रंथ 'द बुद्ध एंड हिज धम्म' को 1956 में पूरा किया। यह उनकी मृत्यु के पश्चात सन् 1957 में प्रकाशित हुआ।

इस ग्रंथ की प्रस्तावना में बाबा साहब डा. भीम राव अम्बेडकर जी ने लिखा है कि, मैं बुद्ध के धम्म को सबसे अच्छा मानता हूँ। इससे किसी धर्म की तुलना नहीं की जा सकती है। यदि एक आधुनिक व्यक्ति जो विज्ञान को मानता है, उसका धर्म कोई होना चाहिए, तो वह धर्म केवल बौद्ध धर्म हो सकता है। सभी धर्मों के घनिष्ठ अध्ययन के पच्चीस वर्षों बाद यह दृढ़ विश्वास मेरे बीच बढ़ गया है।

14 अक्टूबर 1956 को नागपुर शहर में बाबा साहब डा. भीम राव अम्बेडकर जी ने खुद और अपने समर्थकों के लिए एक औपचारिक सार्वजनिक धर्मांतरण समारोह का आयोजन किया। सर्वप्रथम बाबा साहब डा. भीम राव अम्बेडकर जी ने अपनी पत्नी सविता एवं कुछ सहयोगियों के साथ भिक्षु महास्थवीर चंद्रमणी द्वारा पारंपरिक तरीके से त्रीरत्न और पंचशील को अपनाते हुए बौद्ध धर्म ग्रहण किया। इसके बाद उन्होंने अपने पाँच लाख अनुयायियों को त्रिरत्न, पंचशील और 22 प्रतिज्ञाएँ देते हुए नवयान बौद्ध धर्म में परिवर्तित किया। वे देवताओं के जंजाल को तोड़ कर एक ऐसे मुक्त मनुष्य की कल्पना कर रहे थे। जो धार्मिक तो हो लेकिन गैर-बराबरी को जीवन मूल्य न मानें। हिन्दू धर्म के बंधनों को पूरी तरह पृथक किया जा सके इसीलिए बाबा साहब डा. भीम राव अम्बेडकर जी ने अपने बौद्ध अनुयायियों के लिए 22 प्रतिज्ञाएं स्वयं निर्धारित की जो बौद्ध धर्म का एक सार एवं दर्शन है।

ये प्रतिज्ञाएँ हिन्दू धर्म के त्रिमूर्ति में अविश्वास, अवतारवाद के खंडन, श्राद्ध-तर्पण, पिंडदान के परित्याग, बुद्ध के सिद्धांतों और उपदेशों में विश्वास, ब्राह्मणों द्वारा निष्पादित होने वाले किसी भी समारोह में भाग न लेने, मनुष्य की समानता में विश्वास, बुद्ध के अष्टांगिक मार्ग के अनुसरण, प्राणियों के प्रति दयालुता, चोरी न करने, झूठ न बोलने, शराब का सेवन न करने, असामानता पर आधारित हिन्दू धर्म का त्याग करने और बौद्ध धर्म को अपनाने से संबंधित थी।

नवयान लेकर बाबा साहब डा. भीम राव अम्बेडकर जी और उनके समर्थकों ने विषमतावादी हिन्दू धर्म और हिन्दू दर्शन की स्पष्ट निंदा की और उसे त्याग दिया। बाबा साहब डा. भीम राव अम्बेडकर जी ने दूसरे दिन 15 अक्टूबर को फिर वहाँ अपने दो से तीन लाख अनुयायियों को बौद्ध धर्म की दीक्षा भी दी। ये वे अनुयायी थे, जो 14 अक्टूबर के समारोह में नहीं पहुँच पाए थे। या देर से पहुंचे थे।

बाबा साहब डा. भीम राव अम्बेडकर जी ने नागपुर में करीब 8 लाख लोगों को बौद्ध धर्म की दीक्षा दी, इसीलिए यह भूमि दीक्षा भूमी के नाम से प्रसिद्ध हुई। तीसरे दिन 16 अक्टूबर को बाबा साहब डा. भीम राव अम्बेडकर जी चन्द्रपुर गए और वहाँ भी उन्होंने लगभग 3 लाख समर्थकों को बौद्ध धर्म की दीक्षा दी।

इस तरह केवल 3 सम्मेलन में बाबा साहब डा. भीम राव अम्बेडकर जी ने स्वयं 11 लाख से अधिक लोगों को बौद्ध धर्म की दीक्षा दी। और बौद्ध धर्म में परिवर्तित किया और विश्व में बौद्धों की संख्या 11 लाख बढ़ा दी और भारत में बौद्ध धर्म को पुनर्जीवित किया। इस घटना से कई लोगों एवं बौद्ध देशों से भी अभिनंदन प्राप्त हुए।

इसके बाद बाबा साहब डा. भीम राव अम्बेडकर जी नेपाल में चौथे विश्व बौद्ध सम्मेलन में भाग लेने के लिए काठमांडू गए। और वहाँ काठमांडू शहर की दलित बस्तियों में गए। नेपाल का अम्बेडकरवादी आंदोलन, दलित नेताओं द्वारा संचालित किया जाता है। तथा नेपाल के अधिकांश दलित नेता यह मानते हैं कि "बाबा साहब डा. भीम राव अम्बेडकर जी का दर्शन" ही जातिगत भेदभाव को मिटाने में सक्षम है। बाबा साहब डा. भीम राव अम्बेडकर जी ने अपनी अंतिम पांडुलिपि बुद्ध या कार्ल मार्क्स को 2 दिसंबर 1956 को पूरा किया।

यदि आप अपने सपनों को पूरा करना चाहते हैं तो, खुद पे नियंत्रण करना सीखिये। सपनों को पूरा करने के लिये आपके पास दृढ़ निश्चय, धैर्य, विश्वाश और समझौता न करने वाली पवित्रता होनी चाहिये।

आप उन महान व्यक्तित्व के बारे में पढ़िये / जानिये जिन्होनें अपने सपनों को पूरा करने के लिये अपने पूरे जीवन को अपने सपनों के प्रति समर्पित कर दिया हो। और तब जाकर उन्होनें कुछ सिद्धांत दिये जो कि आज हमारे लिये, इस देश, समाज, और संसार के लिये उपयोगी साबित हो रहे हैं।

आपको अपने सपने के प्रति चाहत / लगाव होना चाहिये ऐसा होने से काफी मुश्किल के काम भी काफी आसान हो जाते हैं। इरादों को मजबूत बनाईये अपने समय को अपने इच्छानुसार खर्च किजिये और जब कभी आपको ऐसा महसूस हो कि जहाँ पर आपकी उम्मीदें टूट रही हों तो, आप तुरंत उस परिस्थिति से बाहर निकलने का प्रयास करें। अपने मन, दिल, आत्मा और दिमाग अर्थात अपने समस्त ज्ञानेंद्रियों को अपने नियंत्रण में रखिये।

काल्पनिक चीजों पर विश्वाश करने से बेहतर होगा कि आप खुद के कर्म / मेहनत पर विश्वाश करिये जो कि आपको आपकी सफलता हासिल करने में मदद करेगा।

अगर आप निश्चित रूप से इन सभी चीजों को कर पा रहे हैं तो, निश्चित रूप से सफलता आपके सामने होगी।

अध्याय-12

बौद्ध धर्म ही क्यों चुना?

बाबा साहब ने बौद्ध धर्म ही क्यों चुना? यह अपने आप में एक बहुत बड़ा सवाल है।

बाबा साहब डा. भीम राव अम्बेडकर जी के द्वारा सिर्फ बौद्ध धर्म ही अपनाने का सबसे बड़ा और मुख्य कारण है कि उन्हें बौद्ध धर्म में समानता, मानवता, बंधुता और भाईचारा के सिद्धांत देखने को मिले इस धर्म में उन्हें किसी भी तरह का कोई ऊँच नीच, लिंग, और वर्ण व्यवस्था का भेदभाव नही मिलता है।

10-12 साल हिन्दू धर्म के अंतर्गत रहते हुए बाबा साहब डा. भीम राव अम्बेडकर जी ने हिन्दू धर्म तथा हिन्दू समाज को सुधारने, समता तथा सम्मान प्राप्त करने के लिए बहुत प्रयास किये, किन्तु सवर्ण हिंदुओं का हृदय परिवर्तन नहीं हुआ। उल्टे उन्हे निंदित किया गया और हिन्दू धर्म विनाशक तक कहा गया उसके बाद उन्होंने कहा था कि, "हिन्दू समाज में समानता का स्तर प्राप्त करने के लिए हर तरह के प्रयास और सत्याग्रह किये, किन्तु सभी प्रयास और सत्याग्रह निरर्थक सिद्ध हुए। हिन्दू समाज में समानता के लिए कोई स्थान नही है।"

बाबा साहब डा. भीम राव अम्बेडकर जी जनतान्त्रिक समाज व्यवस्था के पक्षधर थे क्योंकि उनका मानना था ऐसी स्थिति में धर्म मानव जीवन का मार्गदर्शक बन सकता है ये सभी बातें उन्हे एकमात्र बौद्ध धर्म में मिलीं।

बाबा साहब डा. भीम राव अम्बेडकर जी ने हिन्दू धर्म को छोड़ने से पहले बहुत पराया किया कि हिन्दू धर्म में जो जातिगत भेदभाव की जो समस्याएं हैं,

जो धारणाएं हैं उन्हें संशोधित किया जाए और सबको समान अधिकार दिया जाए लेकिन उनका यह प्रयास बिल्कुल असफल रहा।

बाबा साहब डा. भीम राव अम्बेडकर जी के बहुत प्रयासों के बावजूद भी जब उन्हें लगा कि इस धर्म में उन्हें समानता नही मिल सकती है या शाशोधन नही हो सकता है तो, उन्होंने हिन्दू धर्म को त्याग करने का निर्णय लिया। और बाबा साहब डा. भीम राव अम्बेडकर जी ने धर्म परिवर्तन की घोषणा की।

बाबा साहब डा. भीम राव अम्बेडकर जी ने 21 वर्षों तक विश्व के सभी धर्मो का गहन अध्ययन किया।

और अध्ययन के दौरान बाबा साहब डा. भीम राव अम्बेडकर जी को वो सारी समानताएं और सिद्धांत सिर्फ बौद्ध धर्म में मिला।

और अंत में बाबा साहब डा. भीम राव अम्बेडकर जी ने बौद्ध धर्म अपनाने की घोषणा की।

14 अक्टूबर 1956 को नागपुर शहर में बाबा साहब डा. भीम राव अम्बेडकर जी ने खुद और अपने समर्थकों के लिए एक औपचारिक सार्वजनिक धर्मांतरण समारोह का आयोजन किया। सर्वप्रथम बाबा साहब डा. भीम राव अम्बेडकर जी ने अपनी पत्नी सविता एवं कुछ सहयोगियों के साथ भिक्षु महास्थवीर चंद्रमणी द्वारा पारंपरिक तरीके से त्रीरत्न और पंचशील को अपनाते हुए बौद्ध धर्म ग्रहण किया।

अध्याय-13

भारतीय संविधान का गठन

बाबा साहब डा. भीम राव अम्बेडकर जी का संविधान के निर्माण का मुख्य उद्देश्य देश में जातिगत भेदभाव और छूआछूत को जड़ से खत्म करना था। और एक छूआछूत मुक्त समाज का निर्माण करके समाज में क्रांति लाना था। साथ ही साथ सभी को समानता का अधिकार दिलाना था।

बाबा साहब डा. भीम राव अम्बेडकर जी को 29 अगस्त 1947 को संविधान के मसौदा समिति के अध्यक्ष के रूप में नियुक्त किया गया था।

बाबा साहब डा. भीम राव अम्बेडकर जी ने समाज के सभी वर्गों के बीच एक वास्तविक पुल के निर्माण पर जोर दिया। बाबा साहब डा. भीम राव अम्बेडकर जी के अनुसार अगर देश के अलग –अलग वर्गों के अंतर को कम नहीं किया गया तो देश की एकता बनाए रखना मुश्किल होगा। इसके साथ-साथ उन्होंने धार्मिक, लिंग और जाति समानता पर खास जोर दिया।

बाबा साहब डा. भीम राव अम्बेडकर जी शिक्षा, सरकारी नौकरियों और सिविल सेवाओं में अनुसूचित जातियों और अनुसूचित जनजातियों के सदस्यों के लिए आरक्षण शुरू करने के लिए विधान सभा का समर्थन हासिल करने में भी सफल रहे।

भारतीय संविधान ने भारत के सभी नागरिकों को धर्म की स्वतंत्रता का अधिकार दिया। छूआछूत को जड़ से खत्म किया। महिलाओं को अधिकार दिलावाएं। समाज के वर्गों के बीच में फैले अंतर को खत्म किया।

बाबा साहब डा. भीम राव अम्बेडकर जी ने समता, समानता, बंधुता एवं मानवता आधारित भारतीय संविधान को 2 साल 11 महीने और 18 दिनों की

कड़ी मेहनत से 26 नवंबर 1949 को तैयार करके तत्कालीन राष्ट्रपति डा. राजेन्द्र प्रसाद को सौंप कर देश के सभी नागरिकों को राष्ट्रीय एकता, अखंडता एवं व्यक्ति की गरिमा की जीवन पद्धति से भारतीय संस्कृत को अभिभूत किया।

संविधान में अपनी भूमिका के अलावा बाबा साहब डा. भीम राव अम्बेडकर जी ने भारत के वित्त आयोग की स्थापना में भी मदद की। आपको बता दें कि बाबा साहब डा. भीम राव अम्बेडकर जी ने अपनी नीतियों के माध्यम से देश की आर्थिक और सामाजिक स्थिति में बदलाव करके प्रगति की। इसके साथ ही बाबा साहब डा. भीम राव अम्बेडकर जी ने स्थिर अर्थव्यवस्था के साथ मुक्त अर्थव्यवस्था पर भी जोर दिया।

बाबा साहब डा. भीम राव अम्बेडकर जी निरंतर महिलाओं की स्थिति में भी सुधार करने के लिए प्रयासरत रहे। बाबा साहब डा. भीम राव अम्बेडकर जी ने साल 1951 में, महिला सशक्तिकरण का हिन्दू संहिता विधेयक पारित करवाने की भी कोशिश की। और इसके पारित नही होने पर उन्होंने स्वतंत्र भारत के प्रथम कानून मंत्री पद से इस्तीफा दे दिया। इसके बाद बाबा साहब डा. भीम राव अम्बेडकर जी ने लोकसभा में सीट के लिए चुनाव भी लड़ा। लेकिन वे इस चुनाव में हार गए। बाद में उन्हे राज्यसभा में नियुक्त किया गया। जिसके बाद उनकी मृत्यु तक वे इसके सदस्य रहे।

साल 1955 में उन्होंने अपना ग्रंथ भाषाई राज्यों पर विचार प्रकाशित कर आंध्रप्रदेश, मध्यप्रदेश, बिहार, उत्तरप्रदेश और महाराष्ट्र के छोटे-छोटे और प्रबंधन योग्य राज्यों में पुनर्गठित करने का प्रस्ताव दिया था। जो उसके 45 सालों बाद कुछ प्रदेशों में साकार हुआ।

बाबा साहब डा. भीम राव अम्बेडकर जी ने निर्वाचन आयोग, योजना आयोग, वित्त आयोग, महिला पुरुष के लिए समान हिन्दू नागरिक संहिता, राज्य पुनर्गठन, बड़े आकार के राज्यों को छोटे आकार में संगठित करना, राज्य के नीति निर्देशक तत्व, मौलिक अधिकार, मानवाधिकार, काम्पट्रोलर और आडीटर जनरल, निर्वाचन् आयुक्त और राजनीतिक ढांचे को मजबूत बनाने वाली सशक्त सामाजिक, आर्थिक, शैक्षणिक नीतियाँ भी बनाई।

यही नहीं बाबा साहब डा. भीम राव अम्बेडकर जी अपने जीवन में लगातार कोशिश करते रहे और उन्हे अपने कठिन संघर्ष और प्रयासों के माध्यम से

प्रजातन्त्र को मजबूती देने राज्य के तीनों अंगों न्यायपालिका, कार्यपालिका एवं विधायिका को स्वतंत्र और अलग –अलग किया। साथ ही समान नागरिक अधिकार के अनुरूप एक व्यक्ति, एक मत और एक मूल्य के तत्व को प्रस्थापित किया।

इसके अलावा विलक्षण प्रतिभा के धनी बाबा साहब डा. भीम राव अम्बेडकर जी ने न्यायपालिका, कार्यपालिका एवं विधायिका में अनुसूचित जाति एवं अनुसूचित जनजाति के लोगों की सहभागिता भी संविधान द्वारा सुनिश्चित की और भविष्य में किसी भी प्रकार की विधायिका जैसे – ग्राम पंचायत, जिला पंचायत, पंचायत राज इत्यादि में सहभागिता का मार्ग प्रशस्त किया।

सहकारी और सामूहिक खेती के साथ-साथ उपलब्ध जमीन का राष्ट्रीयकरण कर भूमि पर राज्य का स्वामित्व स्थापित करने और सार्वजनिक प्राथमिक उद्दमों और बैंकिंग, बीमा आदि उपक्रमों, को राज्य नियंत्रण में रखने की पुरजोर सिफारिश की। और किसानों की छोटी जोतों पर निर्भर बेरोजगार श्रमिकों को रोजगार के ज्यादा से ज़्यादा अवसर प्रदान करने के लिए बाबा साहब डा. भीम राव अम्बेडकर जी ने आद्दोगीकरण के लिए भी काफी काम किया था।

Don't miss the golden opportunity to go to school This is the important and enjoyfull part of life

संघर्ष से कभी घबराईये मत, संघर्ष मनुष्य को धैर्यवान, सहनशील और ताकतवर बनाता है।

किसी भी चीज का इंतजार उसके आखिरी समय तक करना चाहिये लेकिन उसे पाने की उम्मीद में, खोने के नही।

अध्याय-14

भारतीय संविधान में सबसे बड़ा योगदान

बाबा साहब डा. भीम राव अम्बेडकर जी वैसे तो भारतीय संविधान सभा के प्रारूप समिति के चेयरमैन थे और समिति में कुल सात सदस्य थे लेकिन ज्यादातर समय बाबा साहब डा. भीम राव अम्बेडकर जी को ज्यादा काम अकेले ही करने पड़े और इसीलिए उन्हें संविधान निर्माता कहते हैं।

संविधान निर्माण में सबसे अहम भूमिका बाबा साहब डा. भीम राव अम्बेडकर जी ने निभाई इसीलिए संविधान निर्माण में सबसे बड़े योगदान की बात कही गई है।

भारत रत्न बाबा साहब डा. भीम राव अम्बेडकर जी ने अपनी जिंदगी के 65 सालों में देश को सामाजिक, राजनीतिक, शैक्षणिक, धार्मिक, ऐतिहासिक, सांस्कृतिक, साहित्यिक, औद्योगिक, संवैधानिक समेत अलग-अलग क्षेत्रों में कई काम करके राष्ट्र निर्माण में सबसे बड़ा योगदान दिया है।

आज के अगर इस आधुनिक भारत के लोगों के आधुनिक जीवन की बात करें हम तो, अधिकतर लोग ऐसे हैं जो बाबा साहब डा. भीम राव अम्बेडकर जी के योगदान के बारे में सही तरीके से नही जानते हैं।

हमने काफी लोगों को देखा कि अक्सर लोग बाबा साहब डा. भीम राव अम्बेडकर जी को सिर्फ दलितों का नेता मानते हैं और अधिकतर दलित भी ऐसे हैं जो कि इन्हें सिर्फ अपना नेता मानते हैं लेकिन मैं कहता हूँ कि ये दोनों ही बातें पूरी तरह से गलत है।

बाबा साहब डा. भीम राव अम्बेडकर जी ने किसी जाति विशेष या धर्म विशेष के लिए काम नही किया बल्कि पूरे देश के सर्वसमाज के लिए काम किया है।

इसलिए अगर हम बाबा साहब डा. भीम राव अम्बेडकर जी को अगर किसी जाति या धर्म विशेष का नेता मानते हैं तो यह हमारी सबसे बड़ी गलती है।

अगर आप अपनी खुद की मनोवैज्ञानिक विचारधारा को विकसित करना चाहते हैं तो, सिर्फ दो लोगों के बारे में मैं आप लोगों से पढ़ने के लिए कहूँगा –

1. बाबा साहब डा. भीम राव अम्बेडकर

2. महात्मा बुद्ध

अगर आपने इन दोनों लोगों के बारे में पूरी तरह से पढ़ लिया तो मुझे उम्मीद ही नही बल्कि पूर्ण विश्वास है कि आप का किसी चीज को मानने या न मानने के लिए तर्क करने की शक्ति बढ़ जाएगी।

और आप हर किसी चीज के बारे में मनोवैज्ञानिक तरीके से सोचेंगे और उसे मानेगें।

हमें कभी झूठ नही बोलना चाहिये क्योंकि एक झूठ को छिपाने के लिये सैकड़ों, हजारों झूठ का सहारा लेना पड़ता है लेकिन अगर आप सच बोलते हैं, तो आपको किसी सहारे की जरूरत नही पड़ेगी। आपका सच ही काफी है।

अध्याय-15

संविधान निर्माता क्यों कहा जाता है?

भारत का संविधान लिखने का श्रेय सिर्फ बाबा साहब डॉ. भीम राव अंबेडकर जी को ही क्यों दिया जाता है? संविधान सभा में करीब 300 सदस्य थे तो फिर बाबा साहब डॉ. भीम राव अंबेडकर जी को संविधान निर्माता क्यों कहा जाता है?

इसके लिए मैं आपको पाँच कारण बताऊँगा

पहला कारण –

सबसे ज्यादा काम अकेले किया

कहने के लिए तो संविधान की ड्रॉफ़्टटिंग कमेटी में कुल 7 लोग थे लेकिन बाबा साहब डॉ. भीम राव अंबेडकर जी को ज्यादातर समय अकेले ही काम करना पड़ा।

बाबा साहब डॉ. भीम राव अंबेडकर जी ने लगातार 141 दिनों तक संविधान के ड्रॉफ़्टटिंग कमेटी के चेयरमैन के रूप में अकेले काम किया क्योंकि बाकी के 6 सदस्य अलग-अलग कारणों से संविधान बनाने के काम में शामिल ही नही हो पाए थे।

संविधान सभा के सदस्य टी. टी कृष्णामाचारी ने संविधान सभा के सामने बताया था 'यूं तो संविधान की ड्रॉफ़्टटिंग कमेटी में कुल 7 सदस्य थे लेकिन एक ने त्याग पत्र दे दिया था दूसरे सदस्य की मृत्यु हो गई। तीसरे सदस्य अमेरिका चले गए। चौथे सदस्य राज्य के कार्यों में इतने व्यस्त थे कि कार्यवाही में शामिल ही नही हो पाए। पांचवें और छठे सदस्य दिल्ली से बहुत दूर थे और

ख़राब सेहत के कारण संविधान बनाने के कार्य में शामिल ही नही हो पाए और इसीलिए बाबा साहब डॉ. भीम राव अंबेडकर जी को संविधान बनाने का सारा काम अकेले ही कारण पड़ा।'

ये बयान ख़ुद संविधान सभा के सदस्य टी.टी कृष्णामाचारी का है। इसी से आप अंदाज़ा लगा सकते हैं कि क्यों डॉ आंबेडकर को ही संविधान निर्माता कहा जाता है? सेहत तो डॉ आंबेडकर की भी बहुत ख़राब रहती थी लेकिन उन्होंने ख़राब सेहत के बावजूद अकेले ही सबसे ज़्यादा काम किया।

दूसरा कारण –

सबसे काबिल थे डॉ आंबेडकर

आज़ादी के बाद भारत का संविधान लिखने के लिए किसी ऐसे आदमी की तलाश थी जो दुनिया भर के संविधानों का अध्ययन कर सके, क़ानून पेचीदगियों को समझ सके और भारतीय समाज के लिहाज़ से एक मुकम्मल दस्तावेज़ तैयार कर सके। पहले देश में ऐसे योग्य आदमी की तलाश की गई और फिर कुछ लोगों ने विदेश से संविधान विशेषज्ञों को बुलाने का प्रस्ताव दिया। लेकिन यहाँ समस्या ये थी कि आज़ाद भारत का संविधान भला किसी विदेशी के हाथों कैसे लिखवाया जा सकता था।

बहुत मंथन और माथा-पच्ची के बाद कांग्रेस और देश के अन्य बड़े नेताओं ने डॉ आंबेडकर का नाम तय किया क्योंकि डॉ आंबेडकर से ज़्यादा पढ़ा-लिखा व्यक्ति उस समय पूरे देश में कोई नहीं था इसलिए डॉ आंबेडकर की क़ाबिलियत को देखते हुए उन्हें ड्राफ्टिंग कमेटी का चेयरमैन चुना गया था। डॉ आंबेडकर की मेरिट के आगे कोई नहीं ठहरता था और उन्होंने इस ज़िम्मेदारी को बख़ूबी निभाया।

तीसरा कारण –

संविधान के कच्चे मसौदे को समेटा

संविधान सभा के संवैधानिक सलाहकार सर बी.एन राव ने ड्राफ्टिंग कमेटी के सामने संविधान का कच्चा मसौदा पेश किया था जो दुनिया भर के संविधानों पर आधारित था। यानी सर बी.एन राव ने बहुत से संविधानों से कुछ-कुछ बातों को लेकर कच्चा मसौदा दिया था। डॉ आंबेडकर ने इस कच्चे

मसौदे का अध्ययन किया, उसमें से अच्छे अनुच्छेदों को चुना, उनकी व्याख्या की और उसे समेटने का काम किया।

इस तरह डॉ आंबेडकर ने अपनी क़ाबिलियत से ना सिर्फ कच्चे मसौदे को समेटा बल्कि दुनिया भर के संविधानों और कानूनों का अध्ययन कर कई अच्छी बातें भारतीय संविधान में शामिल की। कड़ी मशक्कत के बाद उन्होंने एक मुकम्मल दस्तावेज़ तैयार किया। संविधान के कच्चे मसौदे को समझाते हुए 17 दिसंबर 1946 को डॉ आंबेडकर ने 3310 शब्दों में अपना पहला भाषण दिया था।

चौथा कारण –

क़ानून एक्सपर्ट के तौर पर शानदार काम

डॉ आंबेडकर लंदन के ग्रेज़-इन से बैरिस्टर की पढ़ाई करके लौटे थे। उस समय उनके पास दो-दो पीएचडी की डिग्रियाँ थी। ऐसे में उन्हें क़ानून की बहुत अच्छी समझ थी। संविधान के अनुच्छेद अक्सर काफ़ी मुश्किल और आसानी से समझ में ना आने वाले होते थे, ऐसे में डॉ आंबेडकर संविधान सभा के सामने आने वाले तमाम मुश्किल सवालों का जवाब देते थे। संविधान सभा की कार्यवाही में बाबा साहब रोज़ाना औसतन 10 बार खड़े होकर बोलते थे लेकिन कई बार उन्हें एक दिन में 20-25 बार खड़े होकर सदन को समझाना पड़ता था। कई बार विरोधाभासी दिखने वाले अनुच्छेदों पर उन्हें घटों बहस करनी पड़ती थी।

डॉ आंबेडकर उन चंद लोगों में शामिल थे, जो ड्राफ्टिंग कमेटी का सदस्य होने के साथ–साथ बाकी 15 कमेटियों में से कई कमेटियों के सदस्य भी थे। संविधान का प्रारूप तैयार होने के बाद उसे जनता की प्रतिक्रिया के लिए रखा गया था। इस प्रतिक्रिया में 7635 संशोधन पारित हुए। बाबा साहब ने इन संशोधनों को पढ़कर 5162 संशोधनों को रिजेक्ट किया और 2473 संशोधनों को संविधान में समायोजित किया।

पाँचवा कारण –

प्रमुख लेखकों-विचारकों ने डॉ आंबेडकर को सराहा

भारत के पहले प्रधानमंत्री जवाहरलाल नेहरू की आत्मकथा लिखने वाले मशहूर लेखक माइकेल ब्रेचर ने अपनी पुस्तक नेहरू: ए पॉलिटिकल

बायोग्राफी में माइकल ब्रेचर ने डॉ आंबेडकर को भारतीय संविधान का वास्तुकार माना।

डॉ अंबेडकर की जीवनी लिखने वाले क्रिस्तोफ जाफ्रलो अपने पुस्तक में लिखते हैं कि 'हमें ड्राफ्टिंग कमेटी की भूमिका का भी एक बार फिर आकलन करना चाहिए। यह कमेटी सिर्फ संविधान के प्रारम्भिक पाठों को लिखने के लिए जिम्मेदार नहीं थी, बल्कि उसको यह जिम्मा सौंपा गया था कि वह विभिन्न समितियों द्वारा भेजे गए अनुच्छेदों के आधार पर संविधान का लिखित पाठ तैयार करे, जिसे बाद में संविधान सभा के सामने पेश किया जाए, सभा के समक्ष कई मसौदे पढ़े गए और हर बार ड्राफ्टिंग कमेटी के सदस्यों ने चर्चा का संचालन और नेतृत्व किया था। अधिकांश बार यह जिम्मेदारी आंबेडकर ने ही निभाई थी।'

इसी तथ्य को रेखांकित करते हुए प्रमुख समाजशास्त्री प्रोफेसर गेल ऑम्वेट भी लिखती हैं कि 'संविधान का प्रारूप तैयार करते समय अनके विवादित मुद्दों पर अक्सर गरमागरम बहस होती थी. इन सभी मामलों के संबंध में आंबेडकर ने चर्चा को दिशा दी, अपने विचार व्यक्त किए और मामलों पर सर्वसम्मति लाने का प्रयास किया।'

बाबा साहब ने 2 साल 11 महीने और 18 दिन में भारत को एक ऐसा संविधान बनाकर दिया जो जाति, लिंग, भाषा, क्षेत्र और धर्म के आधार पर कोई भेदभाव नहीं करता, एक ऐसा संविधान जो हर किसी को समानता, स्वतंत्रता और बंधुता का पाठ पढ़ाता है। एक ऐसा संविधान जो सामाजिक न्याय की गारंटी है।

इसीलिए डॉ बी आर आंबेडकर को भारत के संविधान का निर्माता कहा जाता है।

अध्याय-16

महापरिनिर्वाण

1948 से, बाबा साहब डा. भीम राव अम्बेडकर जी मधुमेह से पीड़ित थे। जून से अक्टूबर 1954 तक वो बहुत बीमार रहे इस दौरान वे कमजोर होती दृष्टी से ग्रस्त थे। राजनीतिक मुद्दों से परेशान बाबा साहब डा. भीम राव अम्बेडकर जी का स्वास्थ्य बाद से बदतर होता चला गया और 1955 के दौरान किये गए लगातार काम ने उन्हे तोड़ कर रख दिया।

अपनी अंतिम पांडूलिपि महात्मा बुद्ध और उनका धम्म को पूरा करने के तीन दिन के बाद 6 दिसंबर 1956 को बाबा साहब डा. भीम राव अम्बेडकर जी का महापरिनिर्वाण दिल्ली में उनके घर हो गया। दिल्ली से विशेष विमान द्वारा उनका पार्थिव मुंबई में उनके घर राजगृह में लाया गया।

7 दिसंबर को मुंबई में दादर चौपाटी समुद्र तट पर बौद्ध शैली में अंतिम संस्कार किया गया। जिसमें उनके लाखों समर्थकों, कार्यकर्ताओं और प्रशंसकों ने भाग लिया।

उनके अंतिम संस्कार के समय उनके पार्थिव को साक्षी रखकर उनके 10 लाख से अधिक अनुयायियों ने भनते आनंद कौसल्यायन द्वारा बौद्ध धर्म की दीक्षा ली थी। क्योंकि बाबा साहब डा. भीम राव अम्बेडकर जी ने 16 दिसंबर 1956 को मुंबई में एक बौद्ध धर्मांतरण कार्यक्रम का आयोजन किया था।

मृत्यु पश्चात बाबा साहब डा. भीम राव अम्बेडकर जी के परिवार में उनकी दूसरी पत्नी सविता अम्बेडकर रह गई थी। जो दलित बौद्ध आंदोलन में बाबा साहब डा. भीम राव अम्बेडकर जी के बाद (बाबा साहब डा. भीम राव अम्बेडकर जी के साथ) बौद्ध बनने वाली पहली व्यक्ति थी।

विवाह से पहले उनकी पत्नी का नाम डॉ. शारदा कबीर था।

डॉ. सविता अम्बेडकर की एक बौद्ध के रूप में 29 मई सन् 2003 में 94 वर्ष की आयु में निधन हो गया। और पुत्र यशवंत अम्बेडकर के पौत्र प्रकाश अम्बेडकर, भारिपा बहुजन महासंघ का नेतृत्व करते हैं। और भारतीय संसद के दोनों सदनों के सदस्य रह चुके हैं।

अगर आप अपने लक्ष्य को पूरा करना चाहते हैं तो अपने और अपने लक्ष्य के बीच में किसी को भी मत आने दीजिये। अपने ध्यान को अपने लक्ष्य पर केंद्रित करिये। सफल होने के लिये बेहतर प्रयास किजिए फेल होने के बारे में बिल्कुल मत सोचिये। धीरे परंतु, लगातार अपने मंजिल की तरफ एक-एक कदम आगे बढ़ते रहिये निश्चित रूप से एक दिन ऐसा जरूर आयेगा जब आप अपने मंजिल के करीब होंगे अर्थात आप अपनी मंजिल को पा लेंगे।

अध्याय-17

विश्व की सबसे बड़ी जयंती

बाबा साहब डा. भीम राव अम्बेडकर जी के द्वारा दलितों के उत्थान करने के लिए और समाज में दिए गए उनके योगदान का जश्न मनाने के लिए, और उनके सम्मान के लिए उनके स्मारक का निर्माण किया गया।

जो बाबा साहब डा. भीम राव अम्बेडकर जी के दिल्ली स्थित उनके घर 26 अलीपुर रोड पर स्थापित किया गया है। इसके साथ ही उनके जन्मदिन 14 अप्रैल को अम्बेडकर जयंती के नाम से मनाया जाने लगा और मनाया जाता है।

1990 में बाबा साहब डा. भीम राव अम्बेडकर जी को मरणोंपरांत भारत के सर्वोच्च नागरिक सम्मान भारत रत्न से सम्मानित किया गया।

हाँलाकी उन्हें भारत के सर्वोच्च नागरिक सम्मान भारत रत्न से सम्मानित तो किया गया लेकिन अफसोस कि बात तो यह है कि जिस महान व्यक्ति ने इतनी बड़ी उपलब्धि हासिल की हो और जिस व्यक्ति ने देश का संविधान बनाया फिर उसे भारत रत्न मिलने में इतनी देरी कैसे हुई, इस बात से भी कहीं न कहीं जातिगत भेदभाव देखने को मिलता है।

उनके जन्मदिवस वाले दिन को नेशनल हॉलीडे घोषित किया गया। इस दिन सभी निजी, सरकारी शैक्षणिक संस्थानों की छुट्टी होती है। 14 अप्रैल को मनाई जाने वाली जयंती को भीम जयंती भी कहा जाता है। उनेक इतने बड़े योगदान के लिए उन्हे याद किया जाता है।

हर साल लगभग 20 लाख से अधिक लोग उनकी जयंती 14 अप्रैल, महापरिनिर्वाण यानि पूण्यतिथि 6 दिसंबर और धम्म चक्र प्रवर्तन दिवस 14 अक्टूबर को चैत्यभूमि (मुंबई), दीक्षाभूमि नागपुर तथा भीम जन्म भूमि महू में

बाबा साहब डा. भीम राव अम्बेडकर जी को श्रद्धांजलि अर्पित करने के लिए इकठ्ठा होते है।

पूरी दुनिया में एकमात्र व्यक्ति बाबा साहब डा. भीम राव अम्बेडकर जी हैं जिनकी लोग सबसे अधिक संख्या में जयंती मनाते हैं।

पूरी दुनिया में सबसे अधिक गाने, मूर्तियाँ और फिल्म बाबा साहब डा. भीम राव अम्बेडकर जी के ऊपर बनी है।

Education is a powerfull weapon

शिक्षा एक शक्तिशाली हथियार है।

अध्याय-18

किताबें एवं शोध प्रबंध

1. एडमिनिस्ट्रेशन एंड फिनानसेज़ ऑफ द ईस्ट इंडिया कंपनी
2. द एवोल्यूशन ऑफ प्रोविंसियल फिनानसेज़ इन ब्रिटिश इंडिया
3. दी प्रॉबलम ऑफ दी रूपी: इट्स ओरिजिन एंड इट्स सॉल्यूशन
4. एनिहिलेशन ऑफ कॉस्टस
5. विच वे टू इमैनसीपेशन
6. फेडरेशन वर्सेज़ फ्रीडम
7. पाकिस्तान एंड द पार्टीशन ऑफ इंडिया
8. रानाडे, गांधी एंड जिन्ना
9. मिस्टर गांधी एंड दी इमैनसीपेशन ऑफ दी अंटचेबल्स
10. वॉट कांग्रेस एंड गांधी हैव डन टू द अंटचेबल्स ?
11. कम्यूनल डेडलॉक एंड अ वे टू सॉल्व इट
12. हू वर द शूद्राज ?
13. भारतीय संविधान में परिवर्तन हेतु कैबिनेट मिशन के प्रस्तावों का, अनुसूचित जनजातियों पर उनके असर के संदर्भ में दी गई समालोचना
14. द कैबिनेट मिशन एंड द अंटचेबल्स
15. स्टेट्स एंड माइनोरीटीज
16. महाराष्ट्र एज ए लिंग्विस्टिक प्रोविन्स स्टेट

17. द अंटचेबल्स: हू वर दे ऑर व्हाय दी बिकम अंटचेबल्स
18. थॉट्स ऑन लिंग्विस्टिक स्टेट्स
19. द बुद्धा एंड हिज धम्म
20. रिडल्स इन हिंदूइज़्म
21. डिक्सनरी ऑफ पाली लैंगुएज
22. द पाली ग्रामर
23. वेटिंग फॉर अ वीज़ा
24. कैन आई वी हिन्दू?
25. व्हॉट द ब्राहमिन हैव डन टू द हिंदूज?
26. एसेंस ऑफ भागवत गीता
27. इंडिया एंड कम्यूनिज़्म
28. द बुद्धा आर कार्ल मार्क्स इसके अतिरिक्त और भी चीजें हैं।

अध्याय-19

भारत रत्न से सम्मानित

बाबा साहब डा. भीम राव अम्बेडकर जी का स्मारक दिल्ली स्थित उनके घर 26 अलीपुर रोड पर स्थापित किया गया है।

अम्बेडकर जयंती पर सार्वजनिक अवकाश रखा जाता है।

1990 में उन्हे मरणोंपरांत भारत के सर्वोच्च नागरिक सम्मान भारत रत्न से सम्मानित किया गया।

कई सार्वजनिक संस्थानों का नाम उनके सम्मान में उनके नाम पर रखा गया।

जैसे कि – हैदराबाद, आंध्रप्रदेश का डॉ. अम्बेडकर मुक्त विश्वविद्यालय, बी आर अम्बेडकर बिहार विश्वविद्यालय मुजफ्फरपुर। डॉ. बाबा साहेब अम्बेडकर अंतर्राष्ट्रीय हवाई अड्डा नागपुर में है। जो पहले सोनेगांव हवाई अड्डे के नाम से जाना जाता था। बाबा साहब डा. भीम राव अम्बेडकर जी का एक बड़ा आधिकारिक चित्र संसद भवन में प्रदर्शित किया गया है।

बाबा साहब डा. भीम राव अम्बेडकर जी मरणोपरांत सम्मान भारत रत्न से नवाजित हैं लेकिन जिस व्यक्ति की इतनी अधिक उपलब्धियां हों उस व्यक्ति के लिए इतना ज्यादा सोचना और उसके बाद सम्मानित करना ये बहुत ही अफसोस की बात है।

अगर आप सच में कोई सपना देखते हो या कुछ बनना चाहते हो तो, फिर आपको अपने सपने को पूरा करने के लिये आपके पास दृढ़ निश्चय, विश्वाश और समझौता न करने वाली पवित्रता होनी चाहिये।

अगर आप सच में अपने सपने को पूरा करने के लिये दृढ़ संकल्पित हो तो, फिर सारी कायनात आपके सपने को सच करने के लिये (पूरा करने के लिये) एक साथ जुट जायेंगी। बस इरादे मजबूत होने चाहिये।

जिस वक्त आपको अपनी कामयाबी मिल जायेगी उस वक्त आपको ऐसा लगेगा कि जैसे आपने पूरी दुनिया को जीत लिया है।

सौ साल की जिंदगी जीने से बेहतर होगा कि आप सिर्फ पचास साल की ही जिंदगी जियो लेकिन कुछ ऐसा कर जाओ कि लोग याद करें और आप लोगों के लिये मिशाल बन जाओ।

जीत और हार, सफलता और असफलता, अच्छाई और बुराई एक ही सिक्के के दो पहलू हैं।

अगर आप कुछ करना चाहते हो तो, बस समझ लो कि या तो आप की जीत होगी या फिर हार।

अगर आपकी सोच, इरादे और विश्वाश मजबूत हैं तो निश्चित रूप से ही आप सफल होंगे।

और अगर आपके इरादे, सोच और विश्वाश मजबूत नही हैं तो आप निश्चित रूप से फेल होंगे।

और अगर आप फेल भी हो रहे हैं तो, फेल होने से घबराईये मत क्योंकि फेल होना ही आपको अपनी गलतियों को सुधारने का एक सुनहरा मौका होता है।

और फेल होने के बाद अगर जिस दिन आपने अपनी उन गलतियों को ढूँढ़ लिया जिसकी वजह से आप फेल हुयें।

और उसे आपने सुधार लिया तो, फिर आपको पास होने से कोई नही रोक सकता है।

बस आप इतना समझ लो कि अगर आप दस बार या पचास बार फेल हो रहे हो तो, उतनी बार आपको अपनी गलतियों को सुधारने का मौका मिल रहा है। और जिस दिन आप ने अपनी गलतियों को सुधार लिया उस दिन सफलता आपके हाथ में होगी।

अध्याय-20

समर्पित स्मारक एवं संग्रहालय

भारत एवं विश्व रत्न बाबा साहब डॉ. भीम राव अंबेडकर जी के स्मरण में विश्व भर में कई वास्तु स्मारक एवं संग्रहालय बनाए गए हैं।

कई स्मारक ऐतिहासिक रूप से जुड़े हैं तथा संग्रहालयों में उनकी विभिन्न चीजों का संग्रह है।

1. **बाबा साहब डॉ. भीम राव अंबेडकर वास्तु संग्रहालय-**

   शांतिवन चिचोली गाँव (नागपुर जिला) इसमें बाबा साहब डॉ. भीम राव अंबेडकर जी की निजी उपयोग की वस्तुएं रखी गई हैं।

2. **बाबा साहब डॉ. भीम राव अंबेडकर मणिमण्डपम-**

   चेन्नई

3. **अंबेडकर मेमोरियल पार्क-**

   लखनऊ (उत्तर-प्रदेश)

4. **भीम जन्म भूमि-**

   डॉ. अंबेडकर नगर-महू इंदौर (मध्य-प्रदेश) बाबा साहब डॉ. भीम राव अंबेडकर जी की जन्म स्थली

5. **डॉ. अंबेडकर राष्ट्रीय स्मारक-**

   26 अलीपुर रोड, नई दिल्ली

6. **डॉ. अंबेडकर सामाजिक न्याय भवन-**

   महाराष्ट्र राज्य के करीब हर जिले में बनी सरकारी वास्तु

7. **डॉ. बी. आर. अंबेडकर मेमोरियल पार्क-**

अमरावती आंध्र-प्रदेश

8. **बाबा साहब डॉ. अंबेडकर स्मारक-**

(statue of equaility) मुंबई महाराष्ट्र

9. **चैत्यभूमि-**

मुंबई महाराष्ट्र बाबा साहब डॉ. बी. आर. अंबेडकर की समाधि स्थली

10. **बाबा साहब डॉ. बी. आर. अंबेडकर की प्रतिमा-**

कोयासन विश्वविद्यालय जापान

11. **बाबा साहब डॉ. बी. आर. अंबेडकर स्मारक-**

लंदन (यूनाइटेड किंगडम) लंदन में पढ़ाई के दौरान (1921-22) बाबा साहब डॉ. बी. आर. अंबेडकर जी यहाँ रह रहे थे।

12. **डॉ. बी. आर. अंबेडकर इंटरनेशनल सेंटर-**

दिल्ली

13. **बाबा साहब डॉ. बी. आर. अंबेडकर स्मारक-**

एरोली मुंबई महाराष्ट्र

14. **राजगृह-**

दादर मुंबई महाराष्ट्र बाबा साहब डॉ. बी. आर. अंबेडकर जी का घर

15. **बाबा साहब डॉ. बी. आर. अंबेडकर संग्रहालय और स्मारक-**

पूणे महाराष्ट्रः राष्ट्रीय संग्रहालय

16. **बाबा साहब डॉ. बी. आर. अंबेडकर राष्ट्रीय स्मारक-**

महाड़ महाराष्ट्र यहाँ बाबा साहब डॉ. बी. आर. अंबेडकर जी ने महाड़ सत्याग्रह किया था।

17. **बाबा साहब डॉ. बी. आर. अंबेडकर मुक्ति भूमि स्मारक-**

येवला नासिक जिला महाराष्ट्र यहाँ बाबा साहब डॉ. बी. आर. अंबेडकर जी ने धर्म परिवर्तन की घोषणा की थी।

18. दीक्षा भूमि-

नागपुर महाराष्ट्र यहाँ बाबा साहब डॉ. बी. आर. अंबेडकर जी ने बौद्ध धर्म अपनाया था।

Man is the architechture of his own fortune

Don't believe at your luck and don't pass your time at your luck because luck is nothing so please don't waste your time at this bad work.

If you think good, you will do good also and you will become surely also good.

अध्याय-21

राष्ट्र निर्माण में सबसे बड़ा योगदान

बाबा साहब डॉ. भीम राव अंबेडकर जी का देश और राष्ट्र निर्माण में सबसे अहम योगदान है।

अगर हम संविधान निर्माण की बात करें तो वैसे तो संविधान सभा में करीब 300 सदस्य शामिल थे।

संविधान सभा में जो प्रारूप समिति बनाई गई बाबा साहब डॉ. भीम राव अंबेडकर जी उसके चेयरमैन के रूप में चुने गए।

कहने को तो प्रारूप समिति में कुल 7 सदस्य थे लेकिन लेकिन वे सिर्फ कहने के लिए रह गए थे क्योंकि सारा काम बाबा साहब डॉ. भीम राव अंबेडकर जी को अकेले करना पड़ा।

आज भी कुछ मनुवादी विचारधारा के लोग हैं जो यह बात कहते फिरते हैं कि भारत का संविधान बाबा साहब डॉ. भीम राव अंबेडकर जी ने अकेले नही बनाया उसमें तो करीब 300 सदस्य शामिल थे और सबने काम किया लेकिन मैं ऐसे लोगों के लिए एक बात कहना चाहता हूँ कि ऐसे लोग हमेशा सच्चाई को दबाने का प्रयास करते हैं।

लेकिन मनुवादी लोग जितना बाबा साहब डॉ. भीम राव अंबेडकर जी के नाम को दबाने का प्रयास करते रहें बाबा साहब डॉ. भीम राव अंबेडकर जी का नाम उतने ही तेजी से फैलता गया और आने वाले समय में बाबा साहब डॉ. भीम राव अंबेडकर जी का नाम पूरी दुनिया के कोने-कोने में फैल जाएगा।

आज के इस आधुनिक और तकनीकी दृष्टिकोण से आगे बढ़ रहे भारत में अब मानुवादियों के बस की बात नही कि बाबा साहब डॉ. भीम राव अंबेडकर

जी के नाम को दबा सकें क्योंकि आज के इस आधुनिक दौर में बहुजन समाज अब जागरूक हो रहा है।

बाबा साहब डॉ. भीम राव अंबेडकर जी ने दुनिया के 50 देशों के संविधान का अध्ययन किया और इस देश का सबसे विशाल संविधान बनाया।

बाबा साहब डॉ. भीम राव अंबेडकर जी का सबसे बड़ा उद्देश्य यह था कि इस देश के हर एक नागरिक के पास यह अधिकार हो कि वह अपने देश का राजा अपनी इच्छानुसार चुन सके और खुद भी राजा बन सके।

सबको एक समान अधिकार हो।

ऐसे मानवतावादी महापुरुष को प्रणाम

अध्याय-22

दुनिया की सर्वोच्च डिग्री एवं उपाधियाँ हासिल करने का श्रेय

बाबा साहब डॉ. भीम राव अंबेडकर जी की कुछ मूल्यवान डिग्रियाँ और उनके गौरवान्वित पद –

B.A – Mumbai University

M.A, P.hd, LLD – Columbia University

M.Sc., D.Sc – London School of Economics

Brrister at Law – Graze in

Professor (प्रोफेसर), Jurist (विधिवेत्ता), Economist (अर्थशास्त्री), Politician (राजनीतिज्ञ), Educationlist (शिक्षा विद्या दार्शनिक), Author (लेखक), Journalist (पत्रकार), Sociologist (समाजशास्त्री), Anthropologist (मानवविज्ञानी), Educationist (शिक्षाविद्य), Theologian (धर्मशास्त्री), Historian (इतिहासविद्य), Editor (संपादक).....

बाबा साहब डॉ. भीम राव अंबेडकर इस देश ही नहीं बल्कि पूरी दुनिया के सबसे ज्यादा पढ़े लिखे विद्वान है।

सिर्फ इस देश का दुर्भाग्य है कि जो इस महापुरुष को लोग अभी तक सही से नही जान पाए जिस महापुरुष ने अपने जीवन की खुशी और सुख को त्याग कर हमें और इस पूरे देश को जीवन जीने का माध्यम दिया।

अध्याय-23

अनमोल वचन

1. शिक्षा और ज्ञान हर व्यक्ति के जीवन का आधार है।
2. ज्ञानी लोग किताबों की पूजा करते हैं। जबकि अज्ञानी लोग पत्थरों की पूजा करते हैं।
3. शिक्षत बनो, संगठित रहो, संघर्ष करो
4. जो झुक सकता है वो पूरी दुनिया को भी झुका सकता है।
5. अच्छा दिखने के लिए नही बल्कि अच्छा बनने के लिए जियो
6. जीवन लंबा नही बल्कि बड़ा और महान होना चाहिए।
7. धर्म मनुष्य के लिए बना है न कि मनुष्य धर्म के लिए।
8. शिक्षा महिलाओं के लिए उतनी ही जरूरी है जितना कि पुरुषों के लिए।
9. बुद्धि का विकास मानव के अस्तित्व का अंतिम लक्ष्य होना चाहिए।
10. मैं एक समुदाय की प्रगति को, उस प्रगति की डिग्री से मापता हूँ जो महिलाओं ने हासिल की है।
11. यदि हम आधुनिक विकसित भारत चाहते हैं, तो सभी धर्मो को एक होना पड़ेगा।
12. एक इतिहासकार सटीक, ईमानदार और निष्पक्ष होना चाहिए।
13. जो कौम अपना इतिहास नही जानती है, वह कौम कभी अपना इतिहास नही बना सकती है।

14. यदि आप मन से स्वतंत्र हैं, तभी आप वास्तव में स्वतंत्र हैं।

15. स्वतंत्रता का अर्थ साहस है, और साहस एक पार्टी में व्यक्तियों के संयोजन से पैदा होता है।

16. मंदिर जाने वाले लोगों की लंबी कतारें, जिस दिन पुस्तकालय की ओर बढ़ेंगी। उस दिन मेरे इस देश को महाशक्ति बनने से, कोई रोक नही सकता है।

17. इस पूरी दुनिया में गरीब वही है, जो शिक्षित नही है। इसलिए आधी रोटी खा लेना, लेकिन अपने बच्चों को जरूर पढ़ाना।

18. छीने हुए अधिकार भीख में नही मिलतें, अधिकार वसूल करना होता है।

19. संविधान केवल वकीलों का दस्तावेज नही है, बल्कि यह जीवन जीने का एक माध्यम है।

20. वर्गहीन समाज गढ़ने से पहले समाज को जातिविहीन करना होगा।

21. महान प्रयासों को छोड़कर इस दुनिया में कुछ भी बहुमूल्य नही है।

22. संवैधानिक स्वतंत्रता का कोई अर्थ नहीं है, जब तक आप सामाजिक स्वतंत्रता प्राप्त नही कर लेते।

23. देश के विकास के लिए नौजवानों को आगे आना चाहिए।

24. एक विचार को प्रसार की उतनी ही आवश्यकता होती है, जितना कि एक पौधे को पानी की आवश्यकता होती है, नही तो दोनों मुर्झाएंगे और मर जाएंगे।

25. राजनीति में हिस्सा न लेने का सबसे बड़ा दंड यह है कि, अयोग्य व्यक्ति आप पर शासन करने लगता है।

26. जो धर्म जन्म से एक को श्रेष्ठ और दूसरे को नीच बनाए रखे, वह धर्म नहीं गुलाम बनाए रखने का षणयंत्र है।

27. मेरी प्रशंसा और जय –जय कार करने से अच्छा है कि मेरे दिखाए मार्ग पर चलो।

28. यदि हम एक संयुक्त एकीकृत आधुनिक भारत चाहते है, तो सभी धर्मों के धर्मग्रंथों की संप्रभुता का अंत होना चाहिए।

29. आप स्वाद को बदल सकते हैं, परंतु जहर को अमृत में परिवर्तित नहीं किया जा सकता है।

30. एक सुरक्षित सेना एक सुरक्षित सीमा से बेहतर है।

31. जिसे अपने दुखों से मुक्ति चाहिए, उसे लड़ना होगा। और जिसे लड़ना है, उसे उससे पहले अच्छे से पढ़ना होगा। क्योंकि ज्ञान के बिना लड़ने गए तो आपकी हार निश्चित है।

32. कानून और व्यवस्था, राजनीतिक शरीर की दवा है, जब राजनीतिक शरीर बीमार पड़े तो दवा जरूर दी जानी चाहिए।

33. मैं राजनीतिक में सुख भोगने नहीं, बल्कि नीचे दबे अपने भाइयों को अधिकार दिलाने आया हूँ।

34. शिक्षा वो शेरनी का दूध है, जो जितना पीएगा वो उतना ही दहाड़ेगा।

35. जो अपना इतिहास भूल जाते हैं, वो कभी इतिहास नहीं बना सकते हैं।

36. मैं ऐसे धर्म को मानता हूँ, जो स्वतंत्रता, समानता और भाईचारा सिखाए।

37. भाग्य से ज्यादा अपने आप पर विश्वास करो।

38. उदासीनता सबसे खतरनाक बीमारी है, जो लोगों को प्रभावित कर सकती है।

39. हमारे देश के संविधान में मतदान का अधिकार एक ऐसी ताकत है, जो किसी ब्रम्हशस्त्र से कहीं अधिक ताकत रखता है।

40. मैं समझता हूँ कि कोई संविधान चाहे जितना अच्छा हो, वह बुरा साबित हो सकता है, यदि उसका अनुसरण करने वाले लोग बुरे हों।

41. धर्म पर आधारित मूल विचार व्यक्ति के आध्यात्मिक विकास के लिए एक वातावरण बनाना है।

42. इतिहास गवाह है जब नैतिकता और अर्थशास्त्र के बीच संघर्ष हुआ है, वहाँ जीत हमेशा अर्थशास्त्र की होती है।

43. मनुवाद को जड़ से समाप्त करना मेरे जीवन का प्रथम लक्ष्य है।

44. न्याय हमेशा समानता के विचार को पैदा करता है।

45. एक कामयाब क्रांति के लिए सिर्फ नाराजगी का ही होना काफी नहीं है, बल्कि इसके लिए इंसाफ, राजनीतिक और सामाजिक अधिकारों में गहरी निष्ठा का होना भी बहुत जरूरी है।

46. हो सकता है समानता एक कल्पना हो, पर विकास के लिए यह जरूरी है।

47. पति-पत्नी के आपसी संबंध दो सच्चे मित्रों की तरह होने चाहिए।

48. जो इंसान अपनी मौत को हमेशा याद रखता है, वही इंसान हमेशा अच्छे कार्य करने में लगा रहता है।

49. चमचे कभी वफादार नहीं होते हैं, और वफादार किसी के चमचे नहीं होते हैं।

50. मन का संवर्धन मानव अस्तित्व का अंतिम उद्देश्य होना चाहिए।

51. अगर आप में गलत को गलत कहने की क्षमता नहीं है, तो आपकी प्रतिभा व्यर्थ है।

52. अगर अन्याय से लड़ते हुए आपकी मौत हो जाती है, तो आपकी आने वाली पीढ़ियाँ उसका बदला जरूर लेंगी। लेकिन अगर अन्याय सहते हुए आपकी मौत हो जाती है, तो आपकी आने वाली पीढ़ियाँ भी गुलाम बनी रहेंगी।

53. गुलाम बनकर जियोगे, तो कुत्ता समझ कर लात मारेगी ये दुनिया। नवाब बनकर जियोगे, तो शेर समझ कर सलाम ठोकेगी ये दुनिया।

54. हम आदि से अंत तक भारतीय हैं।

55. जो धर्म स्वतंत्रता, समानता और बंधुत्व सिखाता है, वही सच्चा धर्म है।

56. कुछ लोग सोचते हैं कि धर्म समाज के लिए आवश्यक नहीं है। मैं यह दृष्टीकोण नहीं रखता, मैं धर्म की नींव को समाज के जीवन और प्रथाओं के लिए आवश्यक मानता हूँ।

57. भाग्य में विश्वास रखने के बजाय शक्ति और कर्म में विश्वास रखना चाहिए।

58. देश के विकास से पहले हमें अपनी बुद्धि के विकास की आवश्यकता है।

59. जब तक आप सामाजिक स्वतंत्रता हासिल नही कर लेते, तब तक आपको कानून चाहे जो भी स्वतंत्रता देता है, वह आपके किसी काम की नहीं होती।

60. यदि हमें अपने पैरों पर खड़े होना है, अपने अधिकारों के लिए लड़ना है, तो अपनी ताकत और बल को पहचानो। क्योंकि शक्ति और प्रतिष्टा संघर्ष से ही मिलती है।

61. समाज को श्रेणीविहीन और वर्ण विहीन करना होगा, क्योंकि श्रेणी ने इंसान को दरिद्र और वर्ण ने इंसान को दलित बना दिया।

62. अज्ञानता से भय पैदा होता है, भय से अंधविश्वास पैदा होता है, अंधविश्वास से अंधभक्ति पैदा होती है, अंधभक्ति से आदमी का विवेक शून्य हो जाता है, और जिस आदमी का विवेक शून्य हो जाता है, फिर वह आदमी इंसान नही, मानसिक गुलाम हो जाता है, इसलिए अज्ञानी नही ज्ञानी बनो।

63. मैं बहुत मुश्किल से इस कारंवा को इस स्थिति तक लाया हूँ, यदि मेरे लोग, मेरे सेनापति इस कारंवा को आगे नही ले जा सकें, तो पीछे भी मत जाने देना।

64. मैंने तुम लोगों को मतदान का अधिकार राजा बनने के लिए दिया है, तुम्हें किसी का दलाल या चमचा बनने के लिए नहीं।

65. अगर मरने के बाद भी जीना चाहते हो, तो एक काम जरूर करना, पढ़ने लायक कुछ लिख जाना, या लिखने लायक कुछ कर जाना।

66. एक महान आदमी, एक आम आदमी से इस तरह से अलग है कि वह समाज का सेवक बनने को तैयार रहता है।

67. अपनी झोपड़ी में राज करना, दूसरे लोगों की गुलामी करने से कई गुना अच्छा है।

68. आरक्षण तो केवल प्रवेश द्वार है, योग्यता तो हम खुद साबित करते हैं, क्योंकि जब मौका मिला था तो हमने संविधान लिख दिया था।

69. सफलता कभी भी पक्की नहीं होती है, और असफलता भी कभी अंतिम नही होती है, इसलिए अपनी कोशिश को तब तक जारी रखो, जब तक आपकी जीत इतिहास ना बन जाए।

70. हजार तलवारों से ज्यादा ताकत, एक कलम में होती है।

71. जुल्म के आगे दुश्मन भी झुक जाएगा, हौसला बुलंद रखोगे तो वक्त भी रुक जाएगा, और अगर एकता से चलोगे तो ये इंसान ही क्या, आसमान भी झुक जाएगा।

72. सागर में मिलकर अपनी पहचान खो देने वाली पानी की एक बूंद के विपरीत, इंसान जिस समाज में रहता है, वहाँ अपनी पहचान नही खोता।

73. मैं रात भर इसलिए जागता हूँ क्योंकि मेरा समाज सो रहा है।

74. सामान्यत: कोई स्मृतिकार कभी ये बात नही बताता कि आपके सिद्धांत क्यों और कैसे हैं।

75. इंसान सिर्फ समाज के विकास लिए पैदा नहीं हुआ है, बल्कि स्वयं के विकास के लिए भी पैदा हुआ है।

76. जाति कोई ईंटों की दीवार या काँटों का तार नहीं है, जो आपस में मिलने से रोक सकें। जाति एक धारणा है, जो मन की अवस्था है।

77. राष्ट्रवाद तभी औचित्य ग्रहण कर सकता है, जब लोगों के बीच जाति, नस्ल या रंग का अंतर भुलाकर उसमें सामाजिक संबंध को सर्वोच्च स्थान दिया जाए।

78. हमारे पास यह आजादी इसलिए है ताकि हम उन चीजों को सुधार सकें जो सामाजिक व्यवस्था, आसमानता, भेद-भाव और अन्य चीजों से भरी है जो हमारे मौलिक अधिकारों की विरोधी है।

79. धर्म और गुलामी असंगत है।

80. धर्म में केवल मुख्य रूप से सिद्धांतों की बात होनी चाहिए, यहाँ नियमों की बात नही हो सकती।

मनुष्य भी सभी जीवों की तरह एक जीव है /प्राणी है बस अंतर सिर्फ इस बात का है कि हम एक सामाजिक प्राणी हैं उसकी सबसे बड़ी वजह है शिक्षा।

अगर आप आर्थिक रूप से कमजोर हैं तो थोड़ा सा काम खाएं लेकिन शिक्षा को जरूर हासिल करें।

आप सभी पाठकों से मेरी एक विनम्र गुजारिस है कि अपने देश के इतिहास को और उससे भी ज्यादा जरूरी इस देश के संविधान को पढ़िए।

किसी भी महापुरुष को किसी विशेष जाति या धर्म से जोड़कर उनकी व्याख्या करना ये सही नही है बल्कि जरूरी यह है कि हम उनके विचारों को देखें और आवश्यकता के अनुसार उनका अनुसरण करें।

अगर हम कुछ विशेष व्यक्तियों की बात करें तो वे लोग सिर्फ किसी विशेष जाति या धर्म तक ही सीमित रहते हैं और ऐसे लोग सिर्फ एक साधारण व्यक्ति के सूची में ही आते हैं।

लेकिन अगर महापुरुषों की बातें करें तो महापुरुष वे होते हैं जो समाज, देश और दुनिया के बारे में किसी विशेष जाति या धर्म से ऊपर उठकर सोचते हैं।

आपने इस पुस्तक को पढ़ के किसी पे उपकार नही किया है बल्कि आपने अपने मनोवैज्ञानिक और बौद्धिक विचारधारा को विकसित करने की कोशिश की है।

धन्यवाद

बहुत ही जल्दी हम अगले संस्करण में फिर मिलेंगे

P

Quellen

Der kleinstmögliche Eingriff oder Die Rückführung der Planung auf das Planbare, Manuskript 1979-81, unveröffentlicht.

Der kleinste Eingriff – L'intervention minimale. Ein Seminar im Erdbebengebiet des Belice (Sizilien) vom 10.–12. Sept. 1981. – In: Bauwelt 73/4, 1982, S. 127-130. – In: Fachbereich Architektur der Gesamthochschule Kassel (Hrsg.), Architektur für den Nutzer – Gebrauchsarchitektur (= The teaching of architecture with people in mind). Ergebnisbericht Nr. 6 des EAAE-workshop vom November 1982, Kassel 1984, S. 60-64. – In: Die Kinder fressen ihre Revolution, Hrsg. Bazon Brock, Köln 1985, S. 241-247, unter dem Titel: Der kleinstmögliche Eingriff. – In: Design ist unsichtbar. Entwurf, Gesellschaft und Pädagogik, Hrsg. Silvan Blumenthal und Martin Schmitz, Berlin 2012, S. 297-304.

Minimal intervention. – In: The unpainted Landscape, London 1987, S. 96-109. Übersetzt ins Deutsche mit Hilfe des handschriftlichen Manuskriptes.

Bücher von Lucius Burckhardt

Wer plant die Planung? Architektur, Politik und Mensch.

Warum ist Landschaft schön? Die Spaziergangswissenschaft.

Design ist unsichtbar. Entwurf, Gesellschaft und Pädagogik.

Der kleinstmögliche Eingriff. Oder die Rückführung der Planung auf das Planbare.

Gerade noch gutgegangen. Planungskritik aus fünf Jahrzehnten.

Wir selber bauen unsre Stadt.

achtung: die Schweiz. Der Urtext von Lucius Burckhardt über die Idee einer neuen Stadt. Die Geschichte eines Buches.

Landschaftstheoretische Aquarelle und Spaziergangswissenschaft.

Bücher in Englisch bei Birkhäuser, Italienisch bei Quodlibet,
Französisch bei Flammarion.

www.lucius-burckhardt.org

Namensregister

Fotos

Alle Abbildungen wurden dem Dia-Archiv von Annemarie und Lucius Burckhardt entnommen, das in der Universitätsbibliothek in Basel aufbewahrt wird.